Begleitet von guten Mächten
Segensworte für ein ganzes Leben

Ein Dankeschön
[illegible] „Leben Linie"
1. Mai 05
[illegible]

Begleitet von *guten Mächten*

Segensworte für ein ganzes Leben

HERDER

FREIBURG · BASEL · WIEN

Sonderband 2004
Herausgegeben von Ulrich Sander

Beiträge

Adalbert L. Balling
Hans Bauernfeind
Albert Biesinger
Birgitta von Schweden
Phil Bosmans
Carlo Carretto
Paul Deselaers
Peter Dyckhoff
Dietrich Grönemeyer
Anselm Grün
Hanns Dieter Hüsch
Herbert Jung
Irische Überlieferung
Papst Johannes Paul II.
Margot Käßmann
Franz Kamphaus
Keltische Überlieferung
Willi Lambert
Antje S. Naegeli
Philip Newell
Henri Nouwen
Maria Otto
Heinz Pangels
Karl Rahner
Anton Rotzetter
Joyce Rupp
Andrea Schwarz
Christa Spilling-Nöker
Pierre Stutz
Jean Vanier
Walther von der Vogelweide
Ulrike Wolitz
und
Die Bibel

Vorwort

Unsere Zeit hat eine große Sehnsucht nach Segen. Seit den Tagen der Bibel geht es dabei um uns selbst: Wer um Segen bittet, wer anderen Segen zusagt, der meint es mit sich selbst und anderen gut. Der versucht, weder dem eigenen Glück noch dem der anderen im Wege zu sein, sondern es nach Kräften zu fördern.

Dass wir es gut meinen mit uns selbst und anderen, dass andere es gut meinen mit uns: Das können wir nicht herbeizwingen. Dafür gibt's keinen Rechtsanspruch. Wer es erfährt, erfährt es als Geschenk. Und spürt: Hinter unserem „Ja" zu uns selbst und zueinander steht Einer, der größer ist als wir und der es gut mit uns meint. Wir brauchen dieses Ja für unser Leben. Und wir können dieses Ja anderen schenken: „Jeder Mensch ist ein Segen" (vgl. Kapitel 1).

Von dem Ja zu unserem Leben und unserem Glück ist in den Texten dieses Buches die Rede. Sie spannen einen weiten Bogen: von der Weisheit der Bibel über die Segenswünsche der irischen und keltischen Überlieferung bis zu Segensworten und Segensgedanken heutiger Autorinnen und Autoren. Sie alle stehen dafür ein, dass die Stimme nicht verstummt ist, die am Anbeginn der Schöpfung gesprochen hat. Was die Bibel vom Ursprung der Welt erzählt – „Und Gott sah, dass es gut war … und Gott segnete sie" –, gilt vom Beginn jedes Lebens: „Am Anfang des Lebens ist Segen" (Kapitel 2).

Mit den Texten dieses Buches wünschen wir Ihnen, dass diese Stimme Sie durch ein ganzes Leben begleitet;

denn jede Lebensstufe hat ihren eigenen Segen (Kapitel 3 bis Kapitel 7). Es lohnt sich, ihm in den hier zusammengestellten Segensworten nachzuspüren und in sich selbst zum Klingen zu bringen. Die Stimme, die uns segnet, ist kein Zaubermittel oder Talisman. Aber sie bleibt der tiefe verlässliche Ton, der die Melodie unseres Lebens trägt, auch wenn die Obertöne durcheinander geraten oder sogar zu verstummen drohen. Die guten Mächte, die uns begleiten, schrecken nicht vor dunklen Zeiten. „Von unten tragen die Arme des Ewigen" (Deuteronomium / 5 Mose 33,27). Von diesem Vertrauen handelt jeder einzelne Text dieses Buches auf seine Art.

Eine Weise, diesem Vertrauen immer mehr Raum im eigenen Leben zu geben, ist die Übung, Morgen und Abend jedes Tages bewusst unter den Segen zu stellen. Wer hier nach Anregung sucht, wird im letzten Kapitel des Buches fündig.

Sylvia Müller und ich haben die Texte dieses Bandes ausgewählt: Es sind Segensworte und Segensgedanken von Frauen und Männern, Katholiken und Protestanten. Viele von ihnen mögen Sie als Autorinnen und Autoren kennen, auf andere werden sie vielleicht neugierig werden. Das „Ja", das wir zum Leben brauchen, heißt: „Es ist gut, dass es dich gibt, und dein Leben möge gelingen." Wenn Sie diesem Ja in den folgenden Segensworten nachhorchen, sei Ihnen die Erfahrung gewünscht, von der der große Theologe und Seelsorger Karl Rahner gesprochen hat: „Wir fühlen dankbar, wie leise Gott an uns vorbeizog und uns gesegnet hat. Seine Nähe erfasst uns, und sein Segen weckt in uns die Liebe."

Ulrich Sander

Inhalt

5 *Mitten im Leben: Wohnen im Haus des Segens*

7 *Segen zwischen Zeit und Ewigkeit*

8 *Segen für jeden Tag*

Segen

Ein guter Mensch ist uns begegnet,
man hat uns Gutes getan,
wir sind von schwerer Furcht
oder von hartem Leid befreit,
oder sonst eine große, stille Freude
ist in uns eingezogen.

Wie von selbst spüren wir,
wie hinter diesem Ereignis noch unsichtbar
ein Anderer, Größerer waltet,
wie dieser Schimmer der Freude
nur ein Abglanz ist eines ewigen Lichtes.

Wir fühlen dankbar,
wie leise Gott an uns vorbeizog
und uns gesegnet hat.

Da erfüllt uns wie von selbst
neues, lebendiges Wissen,
dass Er gut ist und groß
und voller Erbarmen.

Seine Nähe erfasst uns,
und sein Segen weckt in uns die Liebe.

Karl Rahner
(1904–1984)

1

Jeder Mensch ist ein Segen

Jeder Mensch ist ein Segen

Und Gott schuf den Menschen
zu seinem Bild und Gleichnis.
Männlich, weiblich schuf er sie.
Gott segnete sie.

Weisheit der Bibel
Genesis / 1 Mose 1,27–28a

Segen über jede Seele

So überreich
wie das Gras, das wächst,
wie der Sand am Meeresstrand,
wie der Tau auf den Blättern,
so sei der Segen des Königs der Gnade
auf jeder Seele,
die ist, die war
oder die kommen wird.

Irischer Segenswunsch

Ich segne dich

Segnen ist … dich wahrzunehmen
zu spüren, du willst wahrgenommen werden
dich zu achten
Zuwendung

Segnen ist … auf dich zuzugehen
dass du zugänglich bist
mit dir zu reden
du mit mir
uns auszusprechen
zu besprechen
zur Sprache bringen – das Ge-Wichtige
zum Ausdruck bringen – das Zu-Lösende

Segnen ist … dich anzuschauen
dich zu berühren

dich zu umarmen
deine Hand zu spüren
dich zu sättigen mit Worten
die du kennst und die du brauchst
dich zu stärken mit Symbolen
die du kennst und die du ersehnst

Segnen ist … mehr als das, was ich dir tue
mehr als das, was du erlaubst

Segnen ist … ein Zu-Hauch Gottes
ein Einfließen des Heiligen Geistes
in dich
ein Zuspruch zu leben, zu vertrauen
daheim zu sein

Hans Bauernfeind

Der Engel, der mich segnet

Anselm Grün

Kurz vor seinem Tod segnet Jakob seinen Sohn Josef und dessen Söhne Efraim und Manasse. Er spricht dabei: „Der Engel, der mich erlöst hat von jeglichem Unheil, er segne die Knaben. Weiterleben soll mein Name durch sie" (Genesis / 1 Mose 48,16). Das ist für mich ein schönes Bild. Jeder Mensch hat einen Engel, der ihn segnet, der seine Hand segnend über ihn hält und ihm Gutes zusagt. Segnen bedeutet vom Griechischen und Lateinischen her: Gutes sagen *(benedicere)*, Gutes über einen Menschen sprechen. Der Engel, der segnet, ist zugleich der, der von jedem Unheil erlöst, der das Unheil wendet, der befreit aus krank machenden Verstrickungen.

Es gibt Kinder, die hören oft wenig gute Worte. Dagegen wird ihnen ständig gesagt, sie sollten das oder jenes tun, sie hätten dies wieder falsch gemacht, sie sollten endlich aufräumen und nicht so zimperlich sein. Noch schlimmer sind Worte, die eher Fluch als Segen sind: „Du solltest eigentlich gar nicht sein. Du bringst uns ins Grab. Du wirst schon sehen, wo das hinführt. Du wirst es nie zu etwas bringen. Du bist uns eine Last. Du wirst ewig büßen müssen für das, was du uns angetan hast. Gott soll dich für immer strafen, weil du so böse bist." Ich kenne Menschen, die zeit ihres Lebens den Eindruck haben, unter einem Fluch zu stehen. Sie leben mit dem Fluch, dass sie nie würdig sind, zur Kommunion zu gehen, dass sie nie gut genug sind, um ein vollwertiges Mitglied der menschlichen Gesellschaft zu sein, dass sie nie den Erwartungen der Eltern entsprechen werden. Solch ein Fluch lähmt die Lebenskraft eines Menschen. Unter einem Fluch zu leben, das heißt, ständig Angst zu haben, dass dieser Fluch sich irgendeinmal bewahrheiten wird.

Der Engel, der segnet, das kann ein väterlicher oder mütterlicher Mensch sein, die Nachbarin, die Großmutter, der Großvater, der Lehrer, der Pfarrer. Aber es kann auch der Engel sein, der im Kind selbst spricht. Man braucht nur mal den Gesprächen zuhören, die Kinder mit ihrem Kuscheltier führen. Da sagen sie oft selber Segensworte, die zwar zunächst dem Kuscheltier gelten, in Wirklichkeit aber sich selbst. Ich habe einmal ein kleines Mädchen beobachtet, das mit ihrem Ball sprach. Sie hat ihm viel Gutes zugesagt, ihn getröstet, ihn gelobt, ihm von sich selbst erzählt. Es ist genau der Zwischenbereich, den Winnicott als den Raum beschreibt, in dem das Kind die Verbindung zwischen äußerer und innerer Realität lernt. In diesem Zwischenbereich spricht das Kind andere Worte, als es von den Eltern hört. Da spricht es das aus, was das eigene Herz braucht und wonach es sich sehnt. Der Zwischenbereich ist auch der Raum, in dem das Kind eine Ahnung hat von dem Engel, der es segnet, der ihm Gutes zusagt. In den eigenen Worten des Kindes spricht der segnende Engel. Und er hält seine Hand über ihm, damit der Fluch es nicht trifft, den die Eltern auf es richten.

Jakob nennt den Engel, der die Knaben segnet, den Engel, „der mich erlöst hat von jeglichem Unheil". Der Engel befreit das Kind von jeglichem Unheil. Er löst die Bande auf, die das Kind fesseln und nicht leben lassen. Nach außen hat das Kind oft keine Chance in einer Atmosphäre des Unheils, des Streites, des emotionalen Chaos, der Brutalität. Aber der Engel, der das Kind begleitet, schafft eine gesunde Distanz, sodass das Kind nicht alles an sich heranlässt. Er löst die enge Verhaftung an die äußere Realität, indem er es mit seiner inneren Realität in Berührung bringt, zu dem das Unheil keinen Zutritt hat. Wenn die äußere Realität zu grausam ist, führt der Engel das Kind in den Innenraum, in dem es gesegnet ist, in dem es heil ist und ganz, in dem niemand es verletzen kann. Von daher können wir verstehen, dass Kinder oft grausame Erfahrungen unbeschadet überleben.

Nicht nur in unserer Kindheit sollten wir nach dem Engel Ausschau halten. Dieser Engel begleitet uns, indem er uns Gutes zusagt, indem er das Gute in uns benennt. Und er löst die enge Verflechtung mit einer krank machenden Umgebung und führt uns in den Innenraum, in den der Lärm der kritisierenden und verletzenden Menschen nicht eindringen kann, in dem niemand uns kränken kann. In diesem Innenraum hält der erlösende Engel seine schützende Hand über uns, damit das Unheile, das Zerstörende, das Auflösende in unserer Nähe uns nicht treffen kann. Nelly Sachs, die jüdische Dichterin, spricht vom Segensraum, den die Engel uns darbieten:

„Engel auf den Urgefilden
wie viel Martermeilen
muß die Sehnsucht zurück
zu eurem Segensraum durcheilen!“

Nelly Sachs weiß, dass wir uns sehr weit von diesem inneren Segensraum entfernt haben. Die Sehnsucht muss viele Martermeilen zurücklegen, sie muss vieles lassen, woran sie sich festklammert, um in diesen inneren Raum zu gelangen, in dem wir gesegnet sind. Es sind die „Urgefilde“, der ursprüngliche Ort, der Raum, der uns an den eigenen Ursprung führt und uns mit dem Urbild in Berührung bringt, das Gott sich von uns gemacht hat. Die Engel schützen den Segensraum, in dem Gott uns sein gutes Wort zusagt, in dem Gott segnend seine Hand über uns hält, in dem wir von Gottes Kraft und Gottes Gnade umgeben sind.

Wir sind Gesegnete

HENRI NOUWEN

Segnen bedeutet etwas Gutes sagen. Immer wieder sollten wir einander segnen. Eltern müssen ihre Kinder segnen, Kinder ihre Eltern, der Ehegatte die Gattin und umgekehrt, ein Freund den anderen.

In unserer Gesellschaft, in der viel Fluch herrscht, müssen wir jeden Ort, den wir betreten, mit unserem Segen erfüllen.

Wir vergessen aber sehr schnell, dass wir geliebte Kinder Gottes sind und lassen die vielen Flüche unserer Welt unser Herz verdunkeln. Deshalb müssen wir immer daran erinnert werden, dass wir geliebt sind und auch anderen dies zur Gewissheit werden lassen. Unser Leben muss ein gesegnetes Leben sein, ob dieser Segen in Worten oder in Gesten erteilt wird.

Jesus ist der Gesegnete. Was ist mit dem Wort „Segen" und „Segnen" gemeint? Im Lateinischen heißt segnen „benedicere". Das Wort „benedizieren", das es im Sprachgebrauch vieler Kirchen gibt, bedeutet wörtlich: über jemanden Gutes *(bene)* sagen *(dicere)*. Jesus ist der Gesegnete, weil Gott über ihn Gutes sagt. Diesen Segen Gottes hören wir am deutlichsten, nachdem Jesus im Jordan von Johannes getauft worden war. Kaum war Jesus aus dem Wasser gestiegen, „da öffnete sich der Himmel … und eine Stimme aus dem Himmel sprach: ‚Das ist mein geliebter Sohn, an dem ich Gefallen gefunden habe'." (Matthäus 3,16).

Mit diesem Segen beginnt das öffentliche Wirken Jesu. Und sein ganzes Wirken ist davon bestimmt, uns wissen zu lassen, dass dieser Segen nicht ihm allein gilt, sondern allen zugesprochen ist, die auf ihn hören.

Sag uns Gutes zu

Segne du uns
Gott
damit wir Mensch sein
und werden können

segne du uns
Herr
damit wir frei werden von all dem
was uns beherrscht

segne du uns
Vater
damit wir uns von dir
herausfordern lassen

segne du uns
Mutter
damit wir
uns in deinen Schutz
stellen können

segne du uns
Freund
damit wir
uns riskieren können
und vertrauen lernen

segne du uns
Geliebter
damit wir sehnsüchtig bleiben
und die Liebe leben.

Andrea Schwarz

Segen schenkt Gelassenheit

Franz Kamphaus

Nach dem Chaos von Babylon setzt Gott neu an. Er beruft Abraham und beginnt mit ihm die Geschichte des Gottesvolkes. Warum geht er diesen Weg? Interessiert ihn der Rest der Menschheit nicht mehr? Bei der Berufung Abrahams markiert Gott klar und deutlich das Ziel der Erwählung: „In dir sollen gesegnet sein alle Geschlechter auf Erden" (Genesis / 1 Mose 12,3). Israel soll zum Segen für alle Völker werden. Die Völkerverheißung ist das Ziel der Berufung Abrahams und Israels. Es geht nicht nur um das Glück dieses Volkes oder gar einzelner Personen. Es geht um die ganze Menschheit. In der Erwählung Abrahams und des Gottesvolkes bleibt die Perspektive universal.

Segen ... Das hebräische Wort *barach* bedeutet ursprünglich, jemanden mit Heil schaffender, wohltuender Kraft begaben. Das ist das Erste, womit Gott den Menschen nach der Erschaffung ausstattet: Er segnet sie (Genesis / 1 Mose 1,28). Mit dem Segen verbindet sich der Auftrag: „Seid fruchtbar und mehret euch und füllet die Erde und macht sie euch untertan." So bei Abraham: „Ich will dich zum großen Volk machen ... und dir einen großen Namen machen" (Genesis / 1 Mose 12,2). Das ist die Freisetzung zu einem Leben, das die Größe Gottes widerspiegelt.

Segen heißt: Ich empfange, was ich nicht erarbeitet habe. Ich muss mich nicht mit mir und meiner Leistung begnügen. Ich darf mehr erhoffen. Das schenkt Gelassenheit. Das nimmt mir den Druck und Krampf, mich selbst durch meine Leistung rechtfertigen zu müssen. Gesegnet sein heißt, aus der schöpferischen Kraft Gottes leben und diese Kraft wirksam werden zu lassen.

Wer so auf Gott vertraut und von ihm getragen ist, der

braucht nicht selber Gott sein zu wollen. Er muss nicht den Autor der Welt spielen, in der Pose des großen Machers. Er muss nicht den Globus schultern, womit bekanntlich selbst Herkules Probleme bekam. Der Gotteskomplex löst sich. Der Mensch darf Mensch bleiben und sich von Gott segnen lassen. Als Gesegneter kann er für andere zum Segen werden: „Mensch, du bist ein wahrer Segen!"

Der Herr beschenke dich

Der Herr beschenke dich
mit der Behutsamkeit
seiner Hände,
mit dem Lächeln
seines Mundes,
mit der Wärme
seines Herzens,
mit der Güte
seiner Augen,
mit der Freude
seines Geistes,
mit dem Geheimnis
seiner Gegenwart.

Antje S. Naegeli

Am Anfang ist der Segen

Pierre Stutz

In der Geschichte der christlichen Spiritualität lassen sich, vereinfacht ausgedrückt, zwei Spuren entdecken:

Da ist die Spur des so genannten Sündenfalls, die von der Bosheit des Menschen ausgeht und das spirituelle Leben vor allem als Reinigungsweg versteht.

Und da ist die Spur des Staunens über den Ursegen Gottes. Denn bevor wir Menschen etwas Gutes oder Schlechtes tun, kommt Gott uns durch die Schöpfung mit seinem Segen zuvor; am Anfang ist der Segen ...

Ich sehe es so: Mystik im Alltag fängt für mich beim dankbaren Staunen an, dass „alles gut ist", wie dies im Schöpfungsbericht der Bibel (Genesis / 1 Mose 1,10) grundlegend und kraftvoll zum Ausdruck gebracht wird.

Bei Hildegard von Bingen (1098–1179) findet meine Seele, mein Leib, mein Geist befreiende Worte, die zum Staunen, zum Aufatmen bewegen, weil sie das Göttliche in der Schöpfung und im Kosmos erkennt:

„Durch dich
ziehen die Wolken,
fliegen die Lüfte,
haben die Steine ihren Saft,
treiben die Quellen das Wasser hervor,
durch dich fördert die Erde
die Grünkraft zutage.

Du bringst immer wieder die Menschen zur Einsicht,
beglückst sie durch den Anhauch der Weisheit.

Deshalb sei dir Lob gesagt,
du bist ja der Lobklang,
du Freude des Lebens, der Hoffnung und mächtigen Ehre,
du Schenker des Lichts."

Diese Lebensweisheit, dieser Zuspruch des Seindürfens, möchte in meinem Leben kultiviert werden. Mitten im – anstrengenden, scheinbar immer gleichen, Kräfte zehrenden – Alltag bin ich aufgerufen, mich zu erinnern, dass ich vor aller Leistung angenommen und anerkannt bin. Dabei werden meine Schattenseiten nicht verleugnet und verdrängt, sondern ich kann sie im Licht solchen Urvertrauens sehen und verwandeln lassen. Rituale können mir dabei helfen, diese lebensbejahende Verheißung zu vergegenwärtigen; denn das Wesentliche im Leben ist ein Geschenk. Ich kann es mir nicht „erleisten". Einfache Übungen helfen uns, dem Strom der Gleichgültigkeit und der Oberflächlichkeit entgegenzuschwimmen. Wir brauchen sie, um das Sprudeln der göttlichen Quelle in uns wahrzunehmen.

2

Am Anfang des Lebens ist Segen

Segen heißt Leben

Der allwaltende Gott ist mir erschienen.
Er hat mich gesegnet
und zu mir geredet:
Siehe, dein Leben wird fruchtbar sein.

Weisheit der Bibel
nach Genesis / 1 Mose 48,3b–4a

Segen für werdende Eltern

Des Lebens Schöpfer segne euch,
da ihr den Auftrag angenommen,
zu mehren menschliches Geschlecht,
und hüte, heg die Leibesfrucht,
die winzig klein wohl wachsend
wie die keimend Saat,
schon jetzt erwählt,
ein Bild von IHM
– und von den Eltern auch –,
geliebt, seit Morgenrot erscheint.

Er lasse wachsen, werden
und schenke euch Vertrauen,
dass alles wohl gelingen kann
bis zu dem Tag, da
kleine Augen erstmals fragen:
Ist's Paradies endgültig zu,
der Cherub bleibt bei seinem Nein?

Das schenke Gott,
der Leben mag – viel mehr
als alles andre in der Welt,
der Fülle gibt dazu
und lange Tage,
bis dass der Himmel neu ersteht.
Amen.

Herbert Jung

Dein Kind wird heilig sein

Philip Newell

Nicht in vollständiger Vergesslichkeit
Und nicht in äußerster Nacktheit,
Sondern mit uns ziehend Wolken voller Herrlichkeit
Kommen wir
Aus Gott, der unser Zuhause ist.

William Wordsworth

Die „Wolken voller Herrlichkeit“, die ein Kind in die Welt einziehen lässt, sprechen von Gott als Beginn und Zuhause des Lebens. Die Botschaft, die größtenteils in Tiefen unterhalb der Bewusstseinsschwelle empfangen wird, lautet: Alles Leben ist heilig, auch wenn diese Heiligkeit oft verborgen bleibt. ... Die Empfängnis Christi nach dem Lukasevangelium ist mit der Erscheinung von Engeln verbunden, die in der biblischen Überlieferung die Gegenwart des *Heiligen* anzeigen und das Heraufziehen eines großen Ereignisses ankündigen. Anstatt Empfängnis allein im Zusammenhang eines körperlichen Geschehens zu verstehen, ist Empfängnis der Empfang von Gottes Leben mitten unter uns. In der Empfängnis ereignet sich ein tieferes Geheimnis, in dem das Leben aus dem unsichtbaren Bereich Gottes in die sichtbare Welt der Schöpfung strömt.

Bei der Saat auf dem Feld, bei der Befruchtung in der Tierwelt und bei der Empfängnis jedes Kindes wird ein Geschenk Gottes empfangen. Entsprechend gilt: Wann immer Güte und Wahrheit oder wann immer Schönheit des Geistes und Liebe in uns oder zwischen uns empfangen werden in unseren Köpfen, Herzen und Beziehungen, ist Gott auf dem Grund unseres Lebens bei der Aussaat von etwas, das heilig ist und wert, geehrt zu werden.

Wenn eine Mutter zum ersten Mal fühlt, dass ihr Kind sich in ihr bewegt, jubelt sie über die Erfahrung, dass sie in sich selbst ein anderes Leben trägt. Und ähnliche Freude mag ein Vater empfinden, wenn er die frühen Bewegungen des Lebens im Schoß seiner Frau hört. Diese Frau und dieser Mann werden ganz tief innen spüren, dass sich in ihrem Leben irgendwie ein göttliches Versprechen erfüllt und dass das Leben ihres Kindes, das von ihnen kommt, zugleich von jenseits ihrer kommt …

Ein Kind auszutragen kann natürlich mit großen Unannehmlichkeiten verbunden sein, wie überhaupt die Wahrhaftigkeit gegenüber dem Leben Gottes in uns oft ein Ringen ist. Indem wir auf das hören, was Gott uns zu Bewusstsein bringt, entstehen für uns manchmal alle Arten von Beschwerde und Unruhe. Dasselbe gilt für den Schmerz des Gebärens oder für den Schmerz, wenn wir das Schöpferische ans Licht bringen, das sich wachsend in uns gerührt hat. Der Urschrei, den eine Frau kurz vor der Geburt ausstößt, trägt in sich etwas von den Geburtswehen der Schöpfung seit Anbeginn der Zeit. Die Art und Weise, in der die Geburt einen Körper in Mitleidenschaft zieht, gilt auch für große schöpferische Prozesse in anderen Lebensbereichen …

Auch in den stärksten Beziehungen wird Liebe voll nur geboren unter den und durch die Schmerzen des Ringens und des persönlichen Opfers. Entsprechend entstehen wissenschaftliche Neuentdeckungen oder Schöpfungen der Kunst und neue Sichtweisen und Verstehensformen der Kultur gewöhnlich nur durch so etwas wie Schweiß und Tränen harter Arbeit. Zusammen mit den Geburtsschmerzen kommt natürlich aber auch die reine Freude, wenn man ein Neugeborenes zum ersten Mal in den Armen hält, in sein

Gesicht schaut und weiß, dass ein Geschenk Gottes geboren wurde. Die Erzählung der Kindheitsgeschichte Jesu im Lukasevangelium mit ihrem Himmel voller Licht und Freudenliedern feiert die Heiligkeit dieses neugeborenen Kindes und die Heiligkeit jedes Kindes und allen Schöpferischen, das gut ist. Auf ihrer tiefsten Ebene drückt die Erzählung die Schönheit und das Gutsein aus, die unter Schmerzen in unser Leben entbunden werden können, und die Hoffnung auf das, was noch geboren werden soll.

Der indische Jesuit Anthony de Mello fragt: „Habe ich je den Gesang gehört, den die Engel sangen, als ich geboren wurde?" … Für das Evangelium steht die Überzeugung in der Mitte, dass das Gutsein Gottes im Innersten jedes Lebens da ist und sich danach sehnt, freigesetzt, wiedergeboren zu werden. Das Geheimnis, von dem wir ein Teil sind, sagt Paulus, besteht darin, dass die ganze Schöpfung seufzt und sich müht, zur Fülle dessen zu gelangen, was Gott sehnlichst gebären möchte in unserem Leben und in jedem Leben.

Segen (nicht nur) in der Schwangerschaft

Leben bist du
Gott
nichts als Leben

Ich geh schwanger
bin voll Leben
    vom Leben schwer
Wie schön ist es
    das Leben zu spüren und
    zu liebkosen
Wie schön
    ein Haus zu sein für das Leben

Behüt dieses Leben
    in mir
    durch mich
Mit allen Sinnen will ich dem Leben
    zugewandt sein

Segne mich
    und alle, die das Gewicht des Lebens tragen

Anton Rotzetter

Du bist ein Kind des Himmels

Carlo Carretto

Der Heilige Geist, der die Liebe Gottes, die Fruchtbarkeit Gottes, die Schöpferkraft Gottes ist, kommt zu mir und sagt mir: „Gott ist dein Vater."

Erst flüstert er es mir ganz leise zu, dann sagt er es lauter, dann noch lauter und so immerfort bis ans Ende. Er ist Gottes Zeuge. Er ist immer anwesend, er wirkt mit Macht und Milde; und wie er mir das Licht der Wahrheit „mit unaussprechlichen Seufzern" (Römer 8,26) aufgehen lässt, nimmt er für mich das tiefste aller Gebete vorweg: „Mein Vater." So wendet er sich zum Vater an meiner statt, da ich es noch nicht kann …

Du hast gute Lust, ihn anzuschreien, das sei nicht wahr, Gott könne unmöglich Vater sein. Der Geist geht leise hinaus, lässt dich fluchen, bis du genug hast, und dann: unversehens ist er wieder da, hat sich wie eine Taube auf der Sintflut deines ausgetobten Zorns und auf dem Schutt deiner Müdigkeit niedergelassen, um es dir wieder zu sagen: „Gott ist dein Vater, und du bist sein Kind" …

Diese Kunde schwebt über der ganzen Schöpfung, stillt jeden Durst, erfüllt jede Hoffnung, rechtfertigt jede Erwartung, erleuchtet die Dunkelheit: Sie sagt, wer der Mensch ist … Und dieses Geheimnis lag im Wurzelgrund des Menschenwesens. Ich habe es entziffert, die Logik der Hoffnung in den Herzen der Armen und Benachteiligten gab mir den Schlüssel dazu. Ich habe es wahrgenommen in der Geduld und in dem lebendigen Schweigen der Hindus an den Ufern des Ganges. Ich habe es in den Augen des Menschen in der Wüste gelesen, in diesem Blick voll Vertrauen …

Keltischer Geburtssegen

Ein Tröpfchen vom Vater
Auf deine kleine Stirn, mein Liebling.

Ein Tröpfchen vom Sohn
Auf deine kleine Stirn, mein Liebling

Ein Tröpfchen vom Geist
Auf deine kleine Stirn, mein Liebling.

Dich zu beschützen
Dich zu bewahren
Dir zu helfen
Dich zu behüten
Dich zu beschirmen
Dich zu umhüllen
Dich zu retten
Dich mit Gnade zu erfüllen
Dich mit Gnade zu umspülen.

Nach einem alten keltischen Geburtssegen.
Gleich nach der Geburt des Kindes besprengte die Hebamme den Säugling und sprach dazu den Geburtssegen.

3

Kinderzeit: Der Segen der Kleinen

Die Engel der Kinder

Die Engel der Kinder
schauen allezeit
Gottes Gesicht.

Weisheit der Bibel
nach Matthäus 18,10

Segen über die Kleinsten

Der gute Gott, Er segne dich:
der du gebildet aus den Elementen der Erde
und von seinem göttlichen Atem belebt –
hineingelegt in die Hände von Menschen.

Er lasse dich nie deine Wurzeln vergessen –
tief in Seinen Grund gelegt.
So wirst du immer eine Heimat haben
und dich nicht so leicht verlieren,
wenn Stürme des Lebens dich erschüttern.

Er segne das Wachsen deines Herzens
und lasse es weit werden für eine Welt,
die oft eng und unbarmherzig ist
und auch den Unfrieden kennt.

Er lasse dich Freunde finden,
die mit dir Licht und Schatten teilen,
die mit dir barmherzig sind und gerecht,
damit du erfährst, wie das Leben gelingt.

Er rette deine Zartheit
und schütze sie davor, zu zerbrechen
An der Härte des Lebens.

Er schenke dir das Brot,
das du täglich brauchst,
helfende Hände, die dich heilen,
und einen Engel, der dich begleitet
über die Brücken und in die Tiefen des Lebens …

Herbert Jung

Segen unserer Kinder

Gott gebe dir
für jeden Sturm einen Regenbogen,
für jede Träne ein Lachen,
für jede Sorge eine Aussicht
und eine Hilfe in jeder Schwierigkeit.
Für jedes Problem, das das Leben schickt,
einen Freund, es zu teilen,
für jeden Seufzer ein schönes Lied
und eine Antwort auf jedes Gebet.

Irisches Segensgebet

Segnen Sie Ihr Kind!

Albert Biesinger

Wie ein Kind durch den Augenkontakt und durch das Lächeln seiner Mutter zum sozialen Kontakt herausgefordert wird, so ist es auch in der Beziehung mit Gott.

„Wer bin ich, wenn mich niemand anschaut? Schöpfung, Erde, Mensch" – so die Frage des Künstlers Roland Peter Litzenburger. Wenn mich in meinen All-Tagen und in der Zukunft meiner Alterungs- und Verwandlungsprozesse Gott nicht anschaut, dann ist es ein sehr enges und begrenztes Leben. Wenn mich Gott in der Zerbrechlichkeit und auch der späteren biologischen Zerstörung meines Leibes nicht anschaut, fehlen übergreifende Perspektiven für mein Leben über den Tod hinaus.

Wenn ich mich nicht anschauen lasse, dann werde ich auch das Lächeln Gottes, das sich in meinem Leben spiegeln will, nicht entdecken.

Damit ist nicht eine harmonisierende und naive Vorstellung eines Lebens ohne Leid gemeint. Die christliche Botschaft sagt vielmehr zu: Bleibe auch im Leid in Beziehung zu Gott – Gott bleibt auch im Leid in der Beziehung mit dir. Jesus schreit wie der Beter in Psalm 22 im tiefsten Schmerz und unermesslichen Leid zu seinem Gott: „Mein Gott, mein Gott, warum hast du mich verlassen?"

Als wir meine Mutter und meinen Vater beerdigten, habe ich ihnen beim Beerdigungs-Gottesdienst noch einmal dieses Lächeln Gottes über ihrem Leben und ihrem Tod zugebetet: *„Der Herr lasse sein Angesicht leuchten über dir und sei dir gnädig. Der Herr hebe sein Angesicht über dich und gebe dir Frieden"* (Numeri / 4 Mose 6,25f.).

Die Treue Gottes zu uns auch in den Leidsituationen, in denen wir zwischen Verzweiflung und Hoffnung wanken und bisweilen die Verzweiflung die Oberhand gewinnt, ist die einmalige Zusage des biblischen Weges. Gott sagt zu uns: Ich bleibe dir treu in allen Verwandlungs- und Sterbeprozessen deines Lebens, du bist in meine Hand eingeschrieben (Jesaja 49,16). Der jüdische Religionsphilosoph Martin Buber hat es auf die einfache Formel gebracht: Der Mensch wird am Du zum Ich. Wir sind füreinander wichtig, weil wir uns gegenseitig dieses Du sind, an dem andere zum Ich werden. Wir selbst sind bereits aus konkretem Du zum Ich geworden und werden es auch in künftigen Wandlungsprozessen sein.

Die anrührend erzählte Begegnung Jesu mit den Kindern zeigt, dass Kinder für uns Vorbild und Herausforderung sind, wie wir auf das Du Gottes antworten sollen:

„Da brachte man Kinder zu ihm, damit er ihnen die Hände auflegte. Die Jünger aber wiesen die Leute schroff ab. Als Jesus das sah, wurde er unwillig und sagte zu ihnen: Lasst die Kinder zu mir kommen; hindert sie nicht daran! Denn Menschen wie ihnen gehört das Reich Gottes. Amen, das sage ich euch: Wer das Reich Gottes nicht so annimmt wie ein Kind, der wird nicht hineinkommen. Und er nahm die Kinder in seine Arme; dann legte er ihnen die Hände auf und segnete sie“ (Markus 10,13–16).

Die Mütter bringen ihre Kinder zu Jesus, die Jünger Jesu schicken sie weg, weil sie vermuten, dass sich Jesus durch die Kinder gestört fühlt. Diese Fehleinschätzung korrigiert Jesus: Ihr habt wohl überhaupt noch nichts begriffen. Lasst die Kinder zu mir kommen, und verwehrt ihnen nicht die Beziehung zu mir.

Es ist eine besondere Gabe, die Jesus mit den Kindern verbindet, und er stellt uns unsere Kinder als Vorbild vor Augen. Wenn ihr nicht so werdet wie die Kinder, habt ihr von Gott nichts begriffen. Kaum ist Ihr Kind also auf der Welt, dann wird es Ihnen schon als Vorbild hingestellt. Jesus realisiert auf eindrucksvolle Weise die Liebesgeschichte Gottes mit den Menschen: Er segnet unsere Kinder …

Als Eltern tun Sie etwas Tiefsinniges, wenn Sie Ihr Kind segnen, ihm ein Kreuzzeichen auf die Stirn machen – abends im Bett oder morgens, wenn es aus dem Haus geht. Es ist eine intensive Form der Zuwendung, die einem Kind religiöse Geborgenheit und Zuversicht gibt und unsere Beziehung zu ihm vertieft.

Wir machen unseren Kindern damit auch deutlich: Du bist nicht nur von uns, deinen Eltern, geliebt und gesegnet, mit dir geht auch Gott, der es gut meint mit dir an diesem Tag, egal was auch kommt. – Und: Lassen Sie sich von Ihrem Kind auch segnen. Ihr Kind kann sehr wohl schon segnen – oft mit leuchtenden Augen.

Segen für Alleinerziehende

Im Wind, der leise dich umhüllt,
dort mögest du Ihn spüren,
nach dessen Hilfe dich verlangt.

Und wie Er Mose einst gerettet
aus Not, die suchen lässt und finden,
so führe Er dein Auge,
damit es Hände sieht, die gerne halten:
nicht nur dein Kind, auch dich,
die/der oft so ganz allein.

Er tröste – gebe Kraft sogar,
den Israel als „starken Gott" erlebt,
gerade jetzt, wenn das Leben
scheint gegen den Strom zu schwimmen.
Doch nur so wird eine Quelle für dich fließen.

Und wie der Abend schon
um einen neuen Morgen weiß,
wie die Ebbe Raum gewährt
der frischen Flut,
so möge dir geschehen,
damit Mut dein Leben füllt.

Sein Segen sei dir gegeben,
Sein Wort, dass Gutes wird bei euch
und Zukunft schon im Werden ist,
durch diesen Gott, der gern dein Vater ist,
auch ein Bruder und ein heilender Geist.
Amen.

Herbert Jung

Der Segen der Schwachen

JEAN VANIER

Wir sind alle in Kleinsein und Schwäche gezeugt und geboren. Am Anfang konnten wir von uns aus gar nichts selbst tun. Wir waren bezüglich unserer Nahrung und unseres Schutzes völlig von unseren Eltern abhängig …

Das Leben verläuft gemäß einem geheimnisvollen Prozess, bei dem wir aus einer Form der Schwäche in eine andere Form der Schwäche hineinwachsen: aus der Schwäche des kleinen Kindes in die Schwäche des alten Menschen. Wir sind unser Leben lang anfällig für Müdigkeit, Krankheit und Unfälle. In jedem von uns steckt Schwäche. Wenn wir sie nicht annehmen, wird sie zum Ort von Chaos und Verwirrung. Nehmen wir sie an, hören wir auf sie, schätzen und lieben wir sie, wird Schwäche zum Ort des Friedens und der Freude.

Manche Menschen geraten angesichts von Schwäche in Wut. Das Weinen eines Kindes geht ihnen auf die Nerven. Schwäche weckt in ihnen Abwehr und Ärger. Weniger augenfällig, aber genauso gefährlich ist es, wenn die Schwäche der einen andere zu Besitz ergreifender Liebe verleitet. Aber Schwäche kann auch unser Herz für Mitempfinden öffnen: Dann regt sich in unserem Herzen Sorge um das Wachsen und Wohlbefinden der Schwachen.

Schwäche als Bestandteil des Lebens zu leugnen bedeutet, den Tod zu leugnen; denn Schwäche kündigt uns die letzte Machtlosigkeit an: jene angesichts des Todes. Wenn man klein, krank, im Sterben und schließlich tot ist, sind dies alles Stadien der Schwäche und Machtlosigkeit; sie alle empfinden wir als lebensfeindlich und verdrängen oder verleugnen sie.

Wenn wir unsere Schwäche und die Wirklichkeit des

Todes leugnen und stattdessen immer kraftvoll und stark erscheinen wollen, leugnen wir einen Teil unseres Wesens und leben in einer Illusion. Mensch sein heißt akzeptieren, wer wir sind: eine Mischung aus Stärke und Schwäche. Mensch sein heißt andere so annehmen und lieben, wie sie sind, miteinander verbunden sein, wobei jeder seine Schwächen und Stärken mitbringt; denn wir brauchen einander. Zum Kern des Dazugehörens gehört es, seine Schwäche zu erkennen, zu akzeptieren und einzubringen. Dies gehört auch zum Zusammensein.

Schwachsein verfügt über eine eigenartige Kraft. Der Hilferuf und das Vertrauen, die der Schwäche entstammen, vermögen Herzen zu öffnen. Der Schwächere kann bei Stärkeren unglaubliche Kräfte der Liebe wecken. Reagieren die Stärkeren mit Liebe, weil sie sich unbewusst mit den Schwachen identifizieren? Ahnen sie irgendwie, dass eines Tages auch sie schwach sein und nach Hilfe, Anerkennung, Liebe rufen könnten?

Dazugehören ist eine wunderbare, aber auch ungeheuer mühsame Wirklichkeit. Es gibt in jeder Beziehung lichtvolle und glückliche Zeiten, in denen Menschen das Schönste und Kostbarste ineinander wachrufen. Sie verkosten die Freude, von der Einsamkeit zum Miteinander zu gelangen und gegenseitig ein ständiges Geben und Empfangen erleben zu dürfen. Jeder verspürt eine Art Fülle des Lebens …

Die Empfängnis und Geburt eines Kindes bedeuten ein neues Erwachen des Herzens. Es wird weiter. Eltern erhalten dabei die Berufung, in eine größere Liebe und Offenheit hineinzuwachsen und sich selbst noch mehr hinzugeben. So besteht die schöne Seite des Dazugehörens darin, dass sie das Kostbarste im Herzen des Menschen zu wecken vermag. Auch für das Kind ist das Dazugehören etwas Wunderschönes. Es weiß, dass es geliebt ist und seinen Eltern Freude macht. Dem Dazugehören verdankt es alles:

seinen Körper, sein Wachsen, seine Nahrung, Sprache und Sicherheit. Mittels dieses Gefühls dazuzugehören beginnt es zu entdecken, wer es ist und werden kann. Dazugehören ist also eine Schule der Liebe, in der wir lernen, uns für andere und die uns umgebende Welt zu öffnen, in der jeder Mensch, jedes Geschöpf und jeder Gegenstand wichtig sind und es verdienen, geachtet zu werden.

Der Segen der neun Kräfte

Mein Kind,
dein sei die Kraft der großen Flüsse.
Dein sei die Kraft des weiten Ozeans.

Dein sei die Kraft der tiefen Quellen.
Dein sei die Kraft des sanften Regens.

Dein sei die Kraft des glühenden Feuers.
Dein sei die Kraft des leuchtenden Blitzstrahls.

Dein sei die Kraft der harten Felsen.
Dein sei die Kraft der fruchtbaren Erde.

Dein sei die Kraft der höchsten Liebe.

Nach einem alten keltischen Segensspruch

4

Jugendzeit:
Segen für den Aufbruch ins Leben

Der große Segen

Der Herr segne dich und behüte dich.
Der Herr lasse sein Angesicht über dir leuchten
und sei dir gnädig.
Der Herr erhebe sein Angesicht hin zu dir
und schaffe dir Frieden und Heil.

Weisheit der Bibel
Numeri / 4 Mose 6,24–26

Der Herr segne dich

Der Herr segne dich;
er mache dich frei
von allen inneren und äußeren Zwängen,
von allem „du musst“, „du sollst“,
von allen Erwartungshaltungen anderer:
„man tut“, „es wäre gut, wenn …“

Er gebe dir Mut und Kraft,
deinen eigenen Weg zu gehen,
den für dich bestimmten Weg
zu suchen und zu finden.

Er behüte dich –
und schütze dich vor allem Unheil.
Nie sollst du dich verlassen fühlen
und widrigen Umständen hilflos ausgesetzt sein.
Er stelle dir jederzeit einen guten Menschen zur Seite.

Er lasse sein Antlitz über dir leuchten,
sei dir gnädig
und schenke dir reichlich sein Erbarmen.
Er schenke dir offene Augen und Ohren,
auf dass du allezeit seine Taten und Wunder erkennst
in den unscheinbaren Dingen des Alltags.

Er schenke dir Frieden und Heil.
Lob und Tadel anderer sollen dich
weder beirren noch verwirren.
Er schenke dir innere Sicherheit und Zuversicht.
Ablehnung soll dich nicht erschrecken oder gar betäuben
Angst soll nicht dein ständiger Begleiter sein.

Er schenke dir jeden Tag ein fröhliches Herz,
ein Lächeln auf deinen Lippen,
ein Lachen, das andere mitreißt und frei macht,
und die Gabe, dich selbst nicht zu ernst zu nehmen
und auch über dich selbst lachen zu können.
In dunklen Stunden sende er dir einen Stern,
der dich leitet;
in Traurigkeit einen Menschen,
der dich tröstet.

Er schenke dir genügend Ruhe und Schlaf;
Herausforderungen sollen auch nicht fehlen,
zündende Ideen und funkelnde Überraschungen
gebe er dir als Zutaten.

Mit seinem Segen sei er dir alle Zeit nahe,
umgebe dich mit seinem Beistand,
auf dass du wachsen und reifen kannst
und DEINEN Weg findest.

So bewahre dich der HERR, dein Gott,
der dich ins Leben rief und will,
dass du lebst und glücklich bist.

Heinz Pangels

Ich wünsche dir Freude

Ich wünsche dir Freude.
Ich wünsche dir, dass du Freude erfahren darfst,
den Kern von allem Lebensglück.

Aber denk daran: Freude haben
ist nicht dasselbe wie Spaß haben.
Sich amüsieren ist mehr für den Leib und die Sinne
und darum so vergänglich.
Ein alkoholbeschwingter Abend kann dich
für ein paar Stunden alles vergessen lassen.
Aber am nächsten Tag ist nicht mehr viel davon da
als vielleicht ein Brummschädel.

Freude liegt viel tiefer, in deinem Herzen.
Freude ist wie der weiße Kern einer Flamme,
die dein ganzes Wesen durchströmt.
Niemand kann so recht sagen, was Freude ist.
Freude musst du selbst erfahren.

Freude kommt plötzlich
wie ein wunderbares Gefühl über dich,
wenn du dich selbst vergisst,
wenn du ein guter Mensch wirst,
wenn du dir endlich bewusst wirst,
dass Gott dir ganz nahe ist – wie ein Vater,
der alles versteht und alle deine Not kennt.
Ich wünsche dir Freude.

Phil Bosmans

Du Gott des Weges segne uns

sei du der Traum
der Sehnsucht zeugt
sei du die Kraft
die die Entscheidung trifft
sei du das Vertrauen
das sich stellt

segne den Aufbruch

behüte was ich zurücklasse
schütze das Neue das ich wage
begleite mich beim ersten Schritt

segne den Weg

gib meinen Füßen Halt
sei mir Grund
stärke Geist und Leib

segne das Ankommen

sei du mein Ziel
richte meine Schritte auf dich hin aus
schenk mir den Mut zur Heimkehr in dir

Du Gott des Weges segne uns
umgib uns mit deinem Segen
damit wir uns auf den Weg machen können
auf den Weg
zu dir und den Menschen

Andrea Schwarz

Gesegnet mit Sehnsucht

ANSELM GRÜN

„Der sensible Mensch leidet nicht aus diesem oder jenem Grunde, sondern ganz allein, weil nichts auf der Welt seine Sehnsucht stillen kann." Das hat Jean-Paul Sartre gesagt, ein Mensch, der immer wieder ganz konkret und politisch oft radikal seine Stimme in der Öffentlichkeit erhob, leidenschaftlich Menschenrechtsverletzungen anprangerte und laut protestierte, wo er Unrecht vermutete. Das tiefste Leid aber ist für den französischen Philosophen und existentialistischen Schriftsteller nicht das Leid der Verletzungen und Enttäuschungen unseres Lebens. Der Mensch ist für ihn ein von Natur aus Leidender, weil nichts auf der Welt seine Sehnsucht zu stillen vermag.

Die Unstillbarkeit der Sehnsucht gehört zum Wesen des Menschen. Sie ist gleichsam ein Grundexistential seines Lebens. In allem, worunter wir sonst leiden, an mangelnder Liebe, an Unverständnis, an der Einsamkeit, an der Ablehnung, an der Kränkung und Verletzung durch diejenigen, von denen wir Liebe und Geborgenheit erwarten, drückt sich letztlich unser Grundleiden aus: dass unsere Sehnsucht nach Liebe, nach Gemeinschaft, nach Angenommensein, nach Willkommensein, nach Gesundheit und Kraft nicht erfüllt wird.

Die Einsicht Jean-Paul Sartres bedeutet für mich aber auch noch etwas anderes: Jedes Leid erinnert mich daran, dass diese Welt meine Sehnsucht nicht zu stillen vermag.

Wenn ich mein eigenes Leid so verstehe, wird es erträglicher. Ich höre auf, mich in Selbstmitleid und selbstbezogene Wehleidigkeit zu vertiefen.

Das Leid relativiert sich für mich, es bekommt einen Sinn, wenn ich mich von ihm über diese Welt hinausführen lasse zu Gott, der allein meine Sehnsucht zu stillen vermag.

Jedes Leid erinnert mich an meine Sehnsucht. Durch die Sehnsucht wird das Leid verwandelt. Es öffnet mein Leben auf eine neue Freiheit hin …

„Segne den Sand,
lass ihn die Sprache der Sehnsucht verstehen,
draus ein Neues wachsen will aus Kinderhand,
immer ein Neues!“
(Nelly Sachs).

Die Sprache der Sehnsucht ist eine Sprache der Verwandlung. Nelly Sachs sieht in allem Geschaffenen die Sehnsucht nach etwas Neuem und Unverfälschtem, nach dem Ursprünglichen. Selbst der Sand soll die Sprache der Sehnsucht verstehen. Denn auch aus dem Sand will Gott etwas Neues schaffen, eine Welt, wie er sie sich vorstellt …

Aber wir müssen der Wirklichkeit ins Auge sehen. Bei den 15- bis 20-Jährigen in Westeuropa ist heute der Selbstmord zur zweiten Todesursache geworden. Erschreckend viele junge Menschen haben den Wunsch zu sterben. Ich denke besonders an die Jugendlichen, die keinen Sinn in ihrem Leben finden und in der Illusion, in der Idealisierung verharren … Was tun wir mit diesen suizidgefährdeten Jugendlichen? Wir versuchen diese Menschen, die oftmals nur in ihrem Intellekt leben, dazu zu bringen, das Leben zu schmecken und zu fühlen: atmen, sehen, hören, sich bewegen … Es geht nichts über Gartenarbeit und einen festen Tagesplan. Das ist ein Weg. Und wenn ein Wunsch zu sterben auf einer geistlichen Verzweiflung beruht, müssen wir ihm einen anderen Weg weisen, ihm zeigen, dass Gott Liebe ist und jedem helfen kann.

Zärtlicher Segen

Zärtlicher Segen
möge dich erfüllen am heutigen Tag
im stündlichen Innehalten
damit dir die Erinnerung geschenkt sei
anerkannt zu sein
in all deinen Entfaltungsmöglichkeiten
und inmitten deiner Widersprüchlichkeiten.

Pierre Stutz

Sei gut behütet

Im übrigen meine ich
Dass Gott uns alle schützen möge
Auf unserem langen Weg zur Versöhnung
Mit allen Menschen und mit allen Völkern
Er möge uns bewahren und pflegen
Mit seiner allumfassenden Güte
Er möge uns heilen und alle Krankheiten von uns nehmen
All unsere Wunden an Leib und Seele
Die wir uns ständig antun
Möge er mit seiner einzigartigen Kraft
In Zeichen der Reife und Weisheit verwandeln

Er möge von seiner Heiterkeit ein Quentchen
In uns hineinpflanzen
Auf dass sie bei uns wachse blühe und gedeihe
Und wir unseren Alltag leichter bestehen

Dass er uns bewahre vor jedem Hochmut
und jeder Bitterkeit
Und dass er uns fähig mache
Weiterhin zu glauben an seine Welt
Die nicht von unserer Welt ist
Und dass wir nicht ersticken an allem Tand und eitlem Tun
Darum bitten wir ihn von Herzen

Er möge uns behüten vor aller Besserwisserei
Und uns beflügeln
Freiheit und Fantasie zu nutzen
Um Feinde in Freunde zu verwandeln
Er lösche langsam in uns jedes Vorurteil
Langsam
Denn wir stecken bis über beide Ohren voll davon
Er schenke uns von seiner Vielfalt ein Stückchen Großmut
Und führe uns nicht in Haarspaltereien
Gedankenenge
Und Geistesnot

Er erhalte uns unseren Eigensinn
Ihn nicht aus den Augen zu verlieren
In unserer optischen Zeitspanne
Und wir bitten ihn weiterhin unser Freund zu sein
Der immer uns übrig bleibt
In aller Finsternis und Unvernunft
Wenn wir schier an allem und an uns verzweifeln

Er sei mit uns
Wenn wir unter den Verlierern sind
Und gebe uns die Kraft zur Demut
Die Kraft am Ende aufzustehen für einen neuen Anfang
Wer anders könnte uns zu neuem Lachen führen
Zu neuer Hoffnung und Freude

Immer wieder nach tausenden von Jahren
Als Gott der Herr vor dessen Plan
Unsere Ideen kleine flüchtige Eintagsskizzen bleiben
Vor dessen Zeit unser Leben
Ein winziger Abendhauch ist
Vor dessen Wahrheit unsere Wirklichkeit
ein einziger Irrtum ist
Vor dessen Musik unsere Melodien und Akkorde
Bloßes Geklingel und Getue sind
Vor dessen Sprache unsere Worte jeweils nur Versuche
Von Anfängern sein können

Darum bitten wir ihn um seinen Trost
Um seine Hilfe
Um seinen Verstand und um seine Gnade
Und um seinen Willen
Dass alle sich mit allen versöhnen
Dass der Hass die Welt verlasse
Und die Liebe in allen Menschen wohne
Um uns von Gottes Zukunft zu erzählen

Hanns Dieter Hüsch

Gesegnet der Mensch

Gesegnet der Mensch
der in der Verunsicherung
die Chance entdeckt
authentischer werden zu können
und im Lernen einzufordern
was es wirklich zum Leben braucht

Gesegnet der Mensch
der in den Unter-brechungen seines Lebens
die Aufforderung zum Durch-bruch
zu mehr Lebendigkeit erahnt
die zum Wohle aller sich weisen wird

Gesegnet der Mensch
der auf seine Seele achtet
weil sie uns auch durch den Leib
zu Wendezeiten im Leben ruft
um mehr aus innerer Freiheit
im Lebens stehen zu können.

Pierre Stutz

Segen einer Mutter beim Abschied

Gottes Freude sei auf deinem Angesicht,
Freude allen, die dich sehen.
Gottes Arm beschütze deinen Nacken.
Die Engel Gottes stehen dir bei.
Die Engel Gottes stehen dir bei.

Bei Tag und Nacht sei dir Freude vergönnt,
Freude an Sonne und Mond,
Freude bei Männern und Frauen.
Wo immer du hingehst, zu Land und zu See.
Wo immer du hingehst, zu Land und zu See.

Glück bringe dir jede Jahreszeit.
Jede Zeit erstrahle von Heiterkeit.
Jede Zeit erglänze von Fröhlichkeit.
Und Friede sei zwischen dem Sohn der Maria und dir.
Und Friede sei zwischen dem Sohn der Maria und dir.

Zuflucht gebe dir der Gott des Lebens.
Zuflucht auch der liebende Christus.
Zuflucht gebe dir der Geist der Gnade.
Wie Freunde mögen sie dir helfen,
Mein Kind,
Du Liebling meines Herzens.

Überlieferter keltischer Segenswunsch beim Abschied einer Mutter vom mündig gewordenen Kind.

Kraft zum Unterwegssein

Kraft zum Unterwegssein
wünsche ich dir:
Gottes Bestärkung in deinem Leben.

Mut zur Versöhnung
wünsche ich dir:
Gottes Wohlwollen in deinem Leben.

Grund zur Hoffnung
wünsche ich dir:
Gottes Licht in deinem Leben.

Vertrauen zum Miteinander
wünsche ich dir:
Gottes Verheißung, sein Volk zu sein.

Begeisterung zum Aufbruch
wünsche ich uns:
Gottes Wegbegleitung und Segen.

Pierre Stutz

Segen für einen jungen Menschen

Steine im Weg –
und einen Fuß, der leicht darübergeht …

Nebel am Boden –
und zwei Augen, die den Durchblick finden …

Tränen auf den Wangen –
und Hände, die sie trocknen …

Fragen nach der Zukunft –
und gute Freunde, die mit dir Antwort suchen …

Fragen nach dem Wohin –
und Spuren, die weiterführen …

Suche nach Geborgenheit –
und ein guter Mensch, der zu dir hält …

Dies ist mein Segen, mein Wunsch für dich,
dir mitgegeben auf dem Weg, der vor dir liegt.

Es sei der Segen auch von dem,
der unbemerkt dir deinen Rücken stärkt:
der stille, unaufdringliche Quell des Lebens –
von uns Menschen Gott genannt,
von Jesus Christus Vater im Himmel,
uns nahe als guter Lebens-Geist.

Herbert Jung

Irischer Segen

Möge der Regen sanft über deine Felder streichen,
die Sonne dein Land wärmen.
Jeder gute Samen, den du säst, soll Frucht tragen,
der Spätsommer finde deine Felder in voller Pracht.
Der Frost schade nie deinen Kartoffeln,
die Blätter deines Kohls sollen frei sein von Würmern,
die Krähen nie deinen Heustoß zerwühlen.
Wenn du eine Eselin erbst, soll sie ein Junges tragen.
Das Glas in deiner Hand sei immer voll,
das Dach über deinem Kopf immer dicht.
Und sei eine halbe Stunde im Himmel,
bevor der Teufel merkt, dass du gestorben bist.

Aufgezeichnet von Markus Thüer

Herr, segne meine Hände

Herr, segne meine Hände,
dass sie behutsam seien,
dass sie halten können,
ohne zur Fessel zu werden,
dass sie geben können ohne Berechnung,
dass ihnen innewohne die Kraft,
zu trösten und zu segnen.

Herr, segne meine Augen,
dass sie Bedürftigkeit wahrnehmen,
dass sie das Unscheinbare nicht übersehen,
dass sie hindurchschauen
durch das Vordergründige,
dass andere sich wohlfühlen können
unter meinem Blick.

Herr, segne meine Ohren,
dass sie deine Stimme
zu erhorchen vermögen,
dass sie hellhörig seien
für die Stimme der Not,
dass sie verschlossen seien
für den Lärm und das Geschwätz,
dass sie das Unbequeme nicht überhören.

Herr, segne meinen Mund,
dass er dich bezeuge,
dass nichts von ihm ausgehe,
was verletzt und zerstört,
dass er heilende Worte spreche,
dass er Anvertrautes bewahre.

Herr, segne mein Herz,
dass es Wohnstatt sei deinem Geist,
dass es Wärme schenken und bergen kann,
dass es reich sei an Verzeihung,
dass es Leid und Freude teilen kann.

Antje S. Naegeli

Segensbitte

Gott, öffne mir die Augen,
mach weit meinen Blick und mein Interesse,
damit ich sehen kann,
was ich noch nicht erkenne.

Gott, öffne mir die Ohren,
mach mich hellhörig und aufmerksam,
damit ich hören kann,
was ich noch nicht verstehe.

Gott, gib mir ein vertrauensvolles Herz,
das sich deinem Wort und deiner Treue überlässt
und zu tun wagt,
was es noch nicht getan hat.

Gott, ich weiß, dass ich nur lebe,
wenn ich mich von dir rufen
und verändern lasse.
Amen.

Nach Willi Lambert

Das Geheimnis des Segens

PAUL DESELAERS

Die Sehnsucht nach Segen, nach einem Zuspruch von Segen für ganz unterschiedliche Übergangssituationen macht sich heutzutage überdeutlich bemerkbar. An den Knotenpunkten des Lebens, in positiven Entscheidungen, doch auch beim Auszug aus dem Elternhaus, bei der Trennung vom Lebenspartner, beim Eintritt in den Ruhestand: Menschen erbitten Segen, möchten sich des Segens Gottes für den neuen ungewissen Lebensabschnitt vergewissern – des Segens eines Gottes, den es als irgendwie schützende Macht über ihrem Leben geben möge. Gehen nicht schlichte Segensgesten tiefer als viele Worte? Kann nicht jede Situation auf dieser Welt mit Gott in Beziehung gebracht werden?

Zudem: Wer möchte nicht so leben, dass er/sie von den Menschen als Segen erfahren wird, als Segen, durch den Menschen Heilendes vermittelt wird? Denn das ist doch „segnen": das Gute sagen. Im lateinischen Wort *benedicere* zeigt es sich so. Es lässt sich von seiner Intention her erweitern: das Gute entdecken und stark machen, das Gute so sagen, dass es Wirkung hat. Menschen brauchen wir, die selber für andere zum Segen werden, in deren Leben Sinn, Hoffnung und Ermutigung sichtbar wird …

Segen wächst in die Erfahrung schmerzlicher Situationen hinein: Leben ist ungeschützt, ausgesetzt, bedroht; Unglück, Unrecht, Enge, Gewalt, Unfruchtbarkeit können dem Leben einen Stempel aufprägen: die Erfahrung von Krankheit und Tod, von Endlichkeit und Zerbrechlichkeit fragt dieses Leben tief an, ebenso fragen Streit und Unversöhntsein. Wer darunter leidet, wird vielleicht eher empfänglich für das, was zwar zutiefst erwünscht ist, was sich jedoch niemand selbst erarbeiten kann, weil es gewährt wird: Segen. Er führt jenseits aller erfreulichen Gaben und günstigen Umstände in die Beziehung – in eine neue Beziehung zwischen Gott und Mensch sowie zwischen Mensch und Gott, zwischen Mensch und Mensch sowie zwischen Mensch und Welt.

Ausgangspunkt des Segens ist das zugewandte Angesicht des lebendigen Gottes. Das Geheimnis des Segens, der „Segen des Segens", ist die Beziehung. Segen unterbricht den gewohnten Lebenszusammenhang von Geben und Nehmen. Er zeigt uns, dass wir von einer alles umfassenden Wirklichkeit außerhalb unserer selbst leben: vom lebendigen Gott Abrahams in seiner Beziehungssuche zu uns Menschen. Er ist auch der Gott Jesu Christi. Weil er zu unserem Heil gehandelt hat, können wir anderen zu ihren Gunsten seinen Segen weiterschenken, aus der Beziehung zu ihm Menschen begegnen – wie Abraham, über dessen Leben steht: „Ein Segen sollst du sein." Seine Gabe ist, dass er in seinem Leben anderen das Leben öffnet für einen Dritten, für den lebendigen Gott.

Mensch sein und bleiben – ein Segen

Dietrich Grönemeyer

Was für ein Geschenk, als Mensch leben zu dürfen! Welch eine wundervolle Chance, diese Erde pflegen und kultivieren zu können in dieser so kurzen Zeit des irdischen Lebens. Liebevoll, andächtig wie ein Gärtner die Blumen, liegt es an jedem von uns, diese Welt, unsere Lieben, andere Menschen und Kulturen, aber auch diesen Globus zu umsorgen und zu behüten. Ein klitzekleiner zarter Glockenklang ist die Anwesenheit eines jeden von uns. Nicht vertun diese Zeit, die morgen schon zu Ende sein kann! Leben hier und jetzt, mit aller Kraft, Andacht und Freude für uns, unsere Kinder und Kindeskinder. Immer im Bewusstsein, dass wir in jeder Sekunde des irdischen Lebens die Weichen der Evolution mitbestimmen.

Mensch bleiben und Mensch sein, als denkendes, fühlendes, selbstbestimmendes Wesen mit all unserer Sinnlichkeit, unserem Witz und Spiritualität in einer Zeit, in der der Mensch im Strudel der Weltpolitik und globalen Ökonomie auf einen Kostenfaktor reduziert wird – in allen Lebensbereichen. Gentechnische Manipulationen und Allmachtsfantasien Einzelner halten ungeahnte Folgen für die Menschheit bereit. Wir fliegen höher, fahren schneller, kommen überall hin, sind immer erreichbar. Wir machen Blinde wieder sehend oder heilen Krankheiten, die noch vor kurzem als unheilbar erschienen. Manipulationen an Erbgut und Gehirn stehen auf der Tagesordnung.

Wir haben mehr abrufbares Wissen als jemals seit Menschengedenken. Die Geschwindigkeit der Neuerkenntnisse ist enorm! Nutzen oder Schaden, oder beides gleichzeitig! Wir wissen es kaum noch – unser Denken oder, bedrückender, unsere Seele kommt kaum noch mit.

Wann ist der Mensch ein Mensch, ist die Frage der Zeit. Wenn er lacht oder weint! Wenn er selbstbestimmt denken und handeln kann! Wenn er zärtlich oder tatkräftig sein kann! Wenn er sich mit anderen freuen oder feiern, genießen und gestalten darf. Die Vielfalt der Menschen, der Kulturen, der Pflanzen und Tiere, der Musik, der Gedanken, aber auch der Kleidung, der Nahrung, der Fahrzeuge und vielem mehr bis zu den Kleinigkeiten des täglichen Lebens macht zukünftige Lebensqualität und Lebensfreude aus. Nicht die Begrenzung und Einheitlichkeit der Produkte, Meinungen oder möglicherweise geklonter Lebewesen weltweit. Nur noch eine einzige Tier- oder Pflanzenart, nur noch ein einziger Menschentyp – sechs Milliarden Mal – nein danke! Seien wir wachsam!

Dieser Globus gehört allen Menschen. Ihn zu pflegen und zu erhalten ist heute wichtiger denn je. Dazu braucht es Toleranz und Respekt vor allen Menschen und von allen Menschen, vor allen Dingen vor dem einzigartigen Gesamtkunstwerk Leben überhaupt. Und dies mit einem Gefühl der Geschwisterlichkeit aller Menschen, in Ehrfurcht und Achtung miteinander leben, als globale Familie alters-, schichten-, religions-, geschlechts-, kultur- und sprachübergreifend!

Liebevolle Zuwendung und Barmherzigkeit für die Menschen – nicht nur für den Kranken – ist von uns gefragt, mehr denn je, mit einem Herz auch für die Armen, die Verwaisten und Unglücklichen, für die Einsamen und Bemitleidenswerten weltweit. Der Barmherzige wartet nicht auf eine Anweisung oder gar einen Befehl. Er entdeckt diese Kraft in sich und packt selbstlos an. Barmherzigkeit verströmt Zärtlichkeit, Mitgefühl und Mitleid.

Wir entscheiden nicht, wann wir diese Welt betreten und wieder gehen. Unsere persönliche Chance liegt zwischen diesen beiden Polen. Welch eine Gnade. Danke!

Gott segne die Erde

Gott segne die Erde,
auf der ich jetzt stehe.
Gott segne den Weg,
auf dem ich jetzt gehe.
Gott segne das Ziel,
für das ich jetzt lebe.

Du Ewiger, du immerdar,
segne mich auch, wenn ich raste.

Segne, was mein Wille sucht,
segne, was meine Liebe braucht,
segne, worauf meine Hoffnung ruht.

Du König der Könige,
segne meinen Blick.

Irisches Segensgebet

Dein Haus will ich segnen

Dein Haus
will ich segnen
    dass Glaube
aus deinen verhärteten Mauern
    ersteht –
Ein Ja ist
    stärker als ein Nein.

Dein Haus
will ich segnen
    dass Hoffnung
durch deine
vernagelten Fenster
    fällt –
Ein Ja ist
    stärker als Nein.

Dein Haus
will ich segnen
    dass Liebe
aus deinen
verkitteten Ritzen
    blüht –
Ein Ja ist
    Stärker als Nein.

Ulrike Wolitz

Segen der Begegnung

Es gibt Begegnungen,
in denen alles in dir hell wird,
die deine Seele
aufleuchten lassen,
als stünde ein Engel
im Raum.
Ich wünsche dir
das Geschenk solcher
heiligen Augenblicke,
in denen dir das Licht des Himmels
mitten ins Herz scheint.

Christa Spilling-Nöker

Segen der Vertrautheit

Es ist Gnade, wenn zwei Seelen
einander berühren
und sich gegenseitig
zu heilvoller Lebendigkeit
beflügeln.
Mögest du immer wieder
mit dem Segen von
Vertrautheit und Nähe
beschenkt werden,
damit dein Herz durchströmt wird
von Liebe und Glück.

Christa Spilling-Nöker

Hochzeitssegen

Der Herr segne euch und behüte euch:
Er hat eure Lebenswege zueinander
finden lassen.
Er gehe auch mit in das neue Land,
von dem ihr hofft,
es sei gelobtes land:
Ja, es sei reich an Liebe.

Er gebe euch viel Phantasie,
eure Wege immer einswerden zu lassen
und zu erfahren,
was euch glücklich macht.

Er gebe euch den Mut,
aufzubrechen und neu anzufangen,
wenn Unfriede die Liebe vertreibt
und eure Ehe zur Fessel wird.
Dann möge Gott euch versöhnen –
Hinein in die Weite des Lebens,
in den großen Atem seiner Liebe.

Er schenke euch das tägliche Brot,
das ihr zum Leben braucht,
und den Hunger nach seinem Wort.

Er schenke euch Freunde,
die euer Leben begleiten,
sich mit euch freuen und mit euch leiden,
damit ihr erfahren könnt:
Gott geht wirklich mit uns,
menschlich ist Sein Angesicht.

Wenn ihr müde seid von der Härte der Tage,
so lasse Er euch neue Kraft finden bei ihm
und Geborgenheit beieinander.
So mögen Wunden und Kränkungen heilen
und Tränen wirken wie Regen
für neue Hoffnung …

Herbert Jung

Innehalten

Innehalten
wahrnehmen was ist
wunderbare Kreativität entdecken
die in uns angelegt ist
und noch mehr entfaltet werden möchte

Im aktiven Nichtstun
wachsen lassen
was in mir Frucht bringen will
einfach staunen

Wie im Loslassen
Einlass in die tiefe Verbundenheit
mit allem erfahrbar wird.

Pierre Stutz

Abschiedssegen
für eine Freundin, einen Freund

Liebe Freundin und Schwester
Lieber Freund und Bruder
Gott unser Herr über Anfang und Ende
Gestern heute und morgen
Möge dir auf deiner großen Reise in die
Zukunft stets nahe sein
So sehr wir dich vermissen werden
Genauso wissen wir aber auch
Dass in den neuen Gegenden Gottes
In denen du nun leben und arbeiten wirst
Deine Güte dein Humor und deine
Sprache willkommen sein wird
Möge der Herr Krankheit und Gewalt von
Dir fern halten
Deine Gabe Feinde in Freunde zu
Verwandeln weiterhin segnen
Und dich in deiner Sanftmut bestärken
Möge er uns noch oft an deine
Freundlichkeit
Und deine Geduld erinnern
Und uns allen ein fröhliches Wiedersehen
Bescheren.

Hanns Dieter Hüsch

Dunkler Segen

Segne auch du uns
dunkler Gott
du
der sich geheimnisvoll
unserem Begreifen entzieht
der sein Antlitz vor uns verbirgt
unser Fragen mit Schweigen beantwortet

segne auch du uns
dunkler Gott
du
der du uns Zumutung und Herausforderung bist
dessen Tun unergründlich bleibt
dessen Handeln sich unserem Denken entzieht

segne auch du uns
dunkler Gott
du
der sich abwendet von uns
der uns alleine lässt
der uns leiden lässt
der uns verwirrt und beunruhigt

segne uns
du dunkler Gott
du abwesender
schweigender
unfassbarer
harter
namenloser

segne du uns
dunkler Gott
damit wir den Mut haben
das Dunkel in uns wahrzunehmen
dem eigenen Abgrund zu trauen
der Nacht zu glauben
uns auf den Grund zu gehen

segne uns
dunkler Gott
indem du Einsamkeiten nicht nimmst
Sicherheiten erschütterst
Hoffnungen nicht erfüllst
Pläne durchkreuzt
Sehnsucht nicht stillst

segne uns
dunkler Gott
indem du unsere Träume verjagst
unsere Bilder zerreißt
Geborgenheiten entlarvst
Erwartungen zerstörst
zum Aufbruch zwingst

segne uns
du dunkler Gott
segne den Aufbruch
segne den Weg

und bleibe
dunkler treuer
Wegbegleiter

Andrea Schwarz

6

Lebensalter:
Mit den Jahren reift ein Segen

Ich lasse dich nicht …

In der Nacht rang einer mit Jakob
bis zum Anbruch der Morgenröte.
Als dieser sah,
dass er Jakob nicht überwinden könne,
schlug er ihn auf die Hüfte,
sodass sie ausgerenkt wurde,
und sprach: „Lass mich los,
denn die Morgenröte bricht an."
Jakob aber sagte:
„Ich lasse dich nicht,
bis du mich gesegnet hast."

Weisheit der Bibel
Genesis / 1 Mose 32,25–27

Irischer Lebenssegen

Der Herr sei vor dir,
um dir den rechten Weg zu zeigen.

Der Herr sei neben dir,
um dich in die Arme zu schließen,
um dich zu schützen vor Gefahren.

Der Herr sei hinter dir,
um dich zu bewahren vor der Heimtücke des Bösen.

Der Herr sei unter dir,
um dich aufzufangen, wenn du fällst.

Der Herr sei mit dir,
um dich zu trösten, wenn du traurig bist.

Der Herr sei um dich herum,
um dich zu verteidigen, wenn andere über dich herfallen.

Der Herr sei über dir,
um dich zu segnen.

Irischer Segenwunsch

Segen der Erinnerung

Die Erinnerung an schöne Tage –
sie halte Er uns wach,
damit wir mutig sind für morgen
und nie vergessen:
Der Himmel ist doch mitten unter uns;
so hat es der gelehrt,
der selbst auf Erden weiterging.

Er lasse uns wieder zusammenfinden am Ende der Tage,
wenn Er kommt zu euch und zu mir.
Dann wird Er uns an den Tisch geleiten,
den Er gedeckt für alle, die da je gelebt.

Bis dahin gewähre Tage Er voll Leben:
Der Vater, der im Himmel wacht,
der Sohn, der stets an uns gedacht,
der Geist, der heute alles neu gemacht.

Herbert Jung

Verborgene Weisen des Segens

Joyce Rupp

Im Nachhinein können wir feststellen, dass uns in besonders schwierigen und unerträglichen Situationen, die wir so schnell wie möglich aus unserem Leben zu bannen versuchten, einige der größten Segnungen unseres Lebens zuteil geworden sind. Zuweilen enthalten unsere schlimmsten Schmerzen für uns ein Geschenk, das sehr lange nicht ans Licht kommt. Der Segen ist ganz vom Aufgewühltsein, der Verwirrung, dem Schmerz und dem verzweifelten Ringen verdeckt. Zeitweise sind wir nicht in der Lage, diesen Segen wahrzunehmen, weil wir noch zu verletzt, zu wütend, zu traurig, zu überwältigt sind. Erst viel später kann es geschehen, die Gabe zu erkennen, die uns aus dem heraus zuteil wurde, was wir für den endgültigen Untergang unseres Glücks hielten.

Mein Bruder David ertrank mit dreiundzwanzig Jahren. Ich war damals fünfundzwanzig. Es sollte fünfzehn Jahre dauern, bis ich unter dem ganzen Schmerz und Leid darüber die Gabe zu entdecken vermochte. Sein Tod hat mich dazu gebracht, über Abschiede, Verlust und Trauer zu schreiben. Mein Ringen mit dieser Katastrophe hat mich zu der Schriftstellerin werden lassen, die ich heute bin. Ich würde nie sagen, der Tod meines Bruders sei ein Segen gewesen; aber ich kann jetzt sagen, dass die Einsichten, die sich für mich daraus ergaben, und mein spirituelles Reifen Segnungen waren, die im ganzen Leid darüber verborgen waren und ans Licht kamen.

Wo immer jemand schmerzlich ringt, wartet auch ein Segen, der sich erschließen will. Die biblische Erzählung von Jakob, der mit einem Boten Gottes ringt, steht unter anderem auch symbolisch für unser eigenes Ringen mit den unerwünschten Seiten unserer selbst. Während der ganzen Nacht, das heißt Finsternis, ringt Jakob mit dieser unbekannten Gestalt (den unerwünschten Erfahrungen unseres Lebens): Jakob wird dabei verwundet (unsere Erinnerung an diese Erfahrung). Er ist weise genug, zu dem Engel zu sagen: „Ich lasse dich nicht los, bis du mich segnest" („Gib mir ein Stück Sinn, Hoffnung, Weisheit aus dem mühsamen inneren Ringen"). Schließlich geht Jakob hinkend davon, aber er ist jetzt weiser als vor dem Kampf.

Zuweilen ergibt der Schmerz in unserem Leben keinen Sinn; aber irgendwann kommt dann doch ein tiefer Segen ans Licht, wenn man einmal einigen Abstand zum mühsamen Ringen gefunden hat und schließlich innerlich loslässt, was einem so viel Qual bereitet hat. Im Verlauf des Heilungsprozesses fängt man an, die darin enthaltenen Segnungen zu erkennen.

Segnen bringt Segen

Liebender Gott –
lege deine schützende Hand auf mich
und segne mich.

Lass mich zum Segen werden für andere.
Vergiss meine Schwächen,
sieh hinweg über meine Fehler
und zähle mich stets zu den Deinen –
zu denen, die du beschützt und segnest.

Jesus Christus – heile mich an Leib und Seele.
Heile meine leiblichen Gebrechen –
so wie du einst den Gelähmten geheilt hast –
und vergib mir.
Lehre mich, denen zu vergeben,
die mir Böses wünschen.
Und ermuntere mich täglich neu,
dass ich mitverantwortlich bin
für meine Brüder und Schwestern –
vor allem für jene, die leiden, hungern
oder verfolgt werden.
Lehre mich, alle Menschen zu achten
als deine Geschöpfe.

Herr – ich Kleingläubiger bin oft
voller Ängste und Zweifel.
Mein Glaube hat Löcher,
er fließt ab wie Wasser durch ein Sieb.
Mehre mein Vertrauen zu dir,
stärke meine Hoffnung,
lass mich wachsen in der Liebe.

Adalbert L. Balling

Mutmach-Segen

Höre
auf die Stimme
des Engels
und folge dem Ruf
deines Herzens,
der dich
mit dir selbst
ans Ziel bringen will,
auch wenn der Weg
unbequem ist,
beschwerlich
und weit.
Am Ende aber
leuchtet dir ein Land
voller Segen.

Christa Spilling-Nöker

Noch einen Sommer

Noch einen Sommer
schenk mir Zeit
Ich will mich
hinabwurzeln
ins dunkle Erdbett
vom tiefen Brunnen
zu trinken

Noch einen Sommer
schenk mir Zeit
Ich will das Licht
sehnen
und aufragen
bis die Betondecke
springt

Noch einen Sommer
hab Geduld
ein wenig noch
Ich werd mich Dir
von meinen Zweigen weg
in Deine goldne Schale
pflücken
So segne mich denn.

Ulrike Wolitz

Segen eines alten Menschen

Gesegnet seien, die verstehen,
dass meine Füße nicht mehr gut gehen können
und meine Hände zittrig geworden sind.
Gesegnet seien, die begreifen,
dass ich schlecht höre,
und die sich bemühen, laut und deutlich zu sprechen.
Gesegnet seien, die wissen,
dass meine Augen nicht mehr viel sehen
und dass ich nicht gleich alles mitbekomme.

Gesegnet seien, die nicht schimpfen,
wenn ich etwas verschütte, wenn ich etwas umstoße
oder fallen lasse.
Gesegnet seien, die mir helfen, meine Sachen zu finden,
weil ich nicht mehr weiß, wo ich sie hingelegt habe.
Gesegnet seien, die mich anlachen und mit mir reden.
Gesegnet seien, die mir zuhören,
wenn ich von früher erzähle.

Gesegnet seien, die meine Schmerzen lindern.
Gesegnet seien, die mich fühlen lassen,
dass ich geliebt werde,
und die mich freundlich behandeln.
Gesegnet seien, die mir den Gang in die Ewigkeit
leicht machen.
Gesegnet seien alle, die gut zu mir sind
und die mich dadurch an den guten Gott denken lassen.
Wenn ich einmal bei Gott bin,
werde ich auch bestimmt an sie denken.

Phil Bosmans

Segnungen des Alters

Johannes Paul II.

Ihr Brüder und Schwestern der älteren Generation, ihr seid ein Schatz für die Kirche, ihr seid ein Segen für die Welt!

Wie oft müsst ihr die jungen Eltern entlasten, wie gut könnt ihr die Kleinen einführen in die Geschichte eurer Familie und eurer Heimat, in die Märchen eures Volkes und in die Welt des Glaubens! Die Jugendlichen finden in ihren Problemen oft leichter zu euch als zur Generation ihrer Eltern. Euren Söhnen und Töchtern seid ihr in schweren Stunden die wertvollste Stütze. Mit Rat und Tat wirkt ihr in vielen Gremien, Vereinigungen und Initiativen des kirchlichen und zivilen Lebens mit.

Ihr seid eine notwendige Ergänzung in einer Welt, die sich für den Schwung der Jugend und für die Kraft der so genannten „besten" Jahre begeistert, in einer Welt, in der so sehr zählt, was man zählen kann. Ihr erinnert sie daran, dass sie auf dem Fleiß derer weiterbaut, die früher jung und kraftvoll waren, und dass auch sie eines Tages ihr Werk in jüngere Hände legen wird. In euch wird sichtbar …, dass in allem äußeren Tun zugleich etwas Inneres reifen soll und in allem Zeitlichen etwas Ewiges – entsprechend dem Wort des heiligen Paulus: „Wenn auch unser äußerer Mensch aufgerieben wird, der innere wird Tag für Tag erneuert" (2. Korinther 4,16) …

Wie zu der herbstlichen Jahreszeit nicht nur die Ernte und die feierliche Pracht der Farben gehören, sondern auch das Kahlwerden der Äste und das Fallen und Zerfallen der Blätter, nicht nur das weiche, volle Licht, sondern auch der feuchte, unwirtliche Nebel, so ähnlich ist das Alter nicht nur der kraftvolle Schlussakkord oder die versöhnende Summe des Lebens, sondern auch eine Zeit des Verwelkens, eine

Zeit, da einem die Welt fremd, das Leben zur Last und der Leib zur Qual werden kann …

Das ist der Lohn, den ihr jenen gebt, denen ihr so ungern zur Last fallt: Ihr seid ihnen Anlass zur Begegnung mit dem Herrn, Gelegenheit, über sich selbst hinauszuwachsen, und ihr gebt ihnen durch eure Zuwendung Anteil an den erwähnten Früchten des Lebens, die Gott in euch reifen lässt. Begrabt also nicht eure Bitten in einem zaghaften, enttäuschten oder vorwurfsvollen Herzen, sondern bringt sie in aller Selbstverständlichkeit zum Ausdruck – überzeugt von eurer eigenen Würde und vom Guten im Herzen des anderen. Und freut euch über jede Gelegenheit, jenes königliche Wort „Danke" einzuüben, das von allen Altären aufsteigt und das einmal unsere ewige Seligkeit füllen wird.

Segenswünsche im Alter

Gesegnet sei jeder Tag
der mir bleibt
und jeder Sonnenstrahl
der mir scheint
Gesegnet sei jeder Mensch
der mir begegnet
und jedes Kind
das mir lächelt
Gesegnet sei jedes Wort
das mich erreicht
und jede Hand
die mich berührt.

Anton Rotzetter

Segen über Menschen im hohen Alter

Dein zartes Welken mög' der segnen,
der auch dein Blühen schon gewollt.

Den Weg im Alter mög' der hüten,
der auch die Jugend dir geschenkt.

Und „was" und „wie" du gestern so gelebt,
er mög' dich stets begleiten:
das Gute, das dir und anderen gut getan …
das Böse, das du nicht vergessen kannst
– auch das gehört zu dir –,
Er mög' es dir verzeihn,
und du tu's auch!

Hab Mut zur Trauer
über Tage, die einst waren –
nur *nach* dem Abschied wird
neue Zukunft dir erfüllt,
wird Licht den Weg dir weisen:
weit nach vorn.

Genieß die Fülle deines Lebens
und sei ein Segen denen, die dich fragen,
ob sich das Leben lohnt. –

Herbert Jung

7

Segen zwischen Zeit und Ewigkeit

Bereit für die Gesegneten

Seit Grundlegung der Welt
ist ein Königreich bereitet
für die Gesegneten Gottes.

Weisheit der Bibel
nach Matthäus 25,34

Über den verborgenen Fluss

Möge jeder heilige Mann im Himmel,
Möge jede heilige Frau im Himmel,
Möge jeder Engel im Himmel
Dir die Arme entgegenstrecken,
Dir den Weg ebnen.
Wenn du dich aufmachst
Über den verborgenen Fluss.
Wenn du der Heimat zustrebst
Über den verborgenen Fluss.

Überlieferter keltischer Segen beim Abschiednehmen von einem Sterbenden.

Lebenssegen im Angesicht des Todes

Gott, dein Segen sei spürbar
durch unsere Hände,
die halten und trösten können;
durch unsere Ohren,
die einfühlsam Trauer wahrnehmen können;
durch unser Rückgrat,
das ein Leben vor dem Tod fördert;
durch unser Herz,
das Menschen in uns nach dem Tode
weiterleben lässt.

Pierre Stutz

In meinem Ende ist der Anfang

PHILIP NEWELL

Die keltische Überlieferung spricht davon, dass wir auf der anderen Seite des Todeswassers von den Heiligen des Himmels empfangen werden:

Möge jeder heilige Mann im Himmel,
Möge jede heilige Frau im Himmel,
Möge jeder Engel im Himmel
Dir die Arme entgegenstrecken,
Dir den Weg ebnen.
Wenn du dich aufmachst
Über den verborgenen Fluss.
Wenn du der Heimat zustrebst
Über den verborgenen Fluss.

Die Verbindung des Bildes vom Durchqueren dunkler Gewässer mit dem des Empfangenwerdens in den Armen der im Himmel wartenden Frauen spricht auch von einer Art Geburtsreise. Die heiligen Frauen erscheinen als die Hebammen, die uns dabei helfen, durch die Kontraktionen des Todes in das Leben hineingeboren zu werden …

Wir mögen uns nicht daran erinnern, wie es war, im Schoß unserer Mutter gewesen zu sein. Genauso mögen wir uns nicht daran erinnern, dass wir von Gott stammen, sagt Augustinus in seinen *Bekenntnissen*; dennoch sind wir aus Gott geboren und werden zu Gott zurückkehren. Alles Geschaffene befindet sich auf dieser Pilgerreise nach Hause …

Der Tod mag als eine ferne Wirklichkeit erscheinen, eine, die nur das Leben der Menschen „da draußen" berührt; aber er wird jedem von uns gegeben. Der Engel des

Todes besucht jeden von uns zu seiner Zeit. Wie die Gnade der Geburt jedem geschenkt ist, so auch die Gnade des Todes ... Jeder Abendhimmel, strahlend und golden, spricht von der Ernte dieses Tages. Der Tod ist gegenwärtig an jedem Abend. Er ist da im Vergehen jeden Augenblicks; und der Gnade, die ihn begleitet, entsprechen wir oder verweigern wir uns von Mal zu Mal ... Ein Lied von den vor Schottland gelegenen *Western Isles*, das am Totenbett eines geliebten Menschen gesungen wurde, sieht die Gnade des Todes als eine, die uns in das Haus der Jahreszeiten führt:

Du gehst heim heute Nacht in dein Haus für den Winter,
In dein Haus für den Herbst, den Frühling, den Sommer;
Du gehst heim heute Nacht in dein ewiges Heim ...

Wenn wir uns in die Hände Gottes legen, überlassen wir uns nicht einem, der fern von uns ist. „Von unten tragen", so sagt die Schrift, „die Arme des Ewigen" (Deuteronomium/5 Mose 33,27)... Es geht darum zuzulassen, dass wir selbst noch tiefer fallen als in das Sterben, hinein in das, was die tiefste Wahrheit in uns ist. Es geht um eine Heimkehr in den Herzgrund unseres Lebens und allen Lebens. In einem alten keltischen Gebet heißt es:

Wie DU *vorher warst*
Im Anfang meines Lebens
Sei DU *auch wieder*
Am Ende meiner Reise.

In beidem, in unserem Leben und in unserem Sterben, geht es darum, dass wir erneuert werden in jenem Teil unseres Selbst, dessen Wurzeln noch immer im Paradies sind.

Gott geleite dich durch das Dunkel

Es segne dich
Gott der Vater,
der dich nach seinem Bild geschaffen hat.

Es segne dich
Gott der Sohn,
der dich durch Leiden und Sterben erlöst hat.

Es segne dich
Gott der heilige Geist,
der dich zum Leben berufen
und dich geheiligt hat.

Gott geleite dich durch das Dunkel des Todes
und gebe dir Frieden
und ewiges Leben.

Segensgebet über Sterbende aus dem 8. Jahrhundert

Schnitt
stelle

Manchmal
muss ich loslassen
muss mich
schmerzhaft verabschieden
werde
in die Fremde gezwungen
damit Neues
Raum bekommt
der nächste Schritt
der weiter führt

Abschied
ist
Anfang
ist
Lust und Trauer
Sehnsucht und Schmerz

Abschied
und
Anfang
Schnittstellen
menschlichen Lebens

Wunden in die sich
das Leben einzeichnet

Andrea Schwarz

Schwieriger Abschied

Im Schmerz der Trennung
wünsche ich dir
die Entdeckung deiner eigenen Lebenskräfte.

Im Abschied am Grab
wünsche ich dir
die Weitsicht,
außer dem Schmerz und den Verwundungen
auch das Gute zu sehen,
das in unserer Beziehung möglich war.

Im Aufarbeiten des Scheiterns
wünsche ich dir,
dass du Trauer leben
und Wut freilegen kannst,
damit dir irgendwann echte Versöhnung
über den Tod hinaus geschenkt sei
und du weiterhin an die Kraft
im Menschen glauben kannst.

Lass dir in deiner Verunsicherung,
in deinem Schmerz an der Schuld
Gutes zusprechen und
segensvolle Versöhnung.
Denn in der Suche
nach Antwort auf deine Fragen
liegt der Schlüssel
zu vertiefter Beziehungsfähigkeit.

Pierre Stutz

Uns zum Segen

Andrea Schwarz

Jeder, der stirbt, hat für die Menschen, die um ihn oder sie trauern, ein Gesicht und einen Namen. Jede dieser Beziehungen ist einzigartig, so wie auch die Trauer um den Verlust für jeden, der Abschied nehmen muss, einzigartig ist. Keine Trauer ist wie die andere – und jede darf anders sein. „Fürchte dich nicht, ich habe dich bei deinem Namen gerufen, du gehörst mir!" (Jesaja 43,1b). Wir glauben an einen Gott, der die Menschheit nicht als Massenveranstaltung ansieht, sondern jeden von uns beim Namen ruft, der uns kennt und gewollt und geschaffen hat.

Der Künstler Walter Habdank hat dies in einem Bild ausgedrückt: eine große Hand, in die sich der kleine Mensch hineinschmiegen und hineingeben kann. Bei Gott sind wir geborgen, bei ihm sind wir aufgehoben, bei ihm sind unsere Verstorbenen in guter Hand. Es tut weh, Menschen hergeben, loslassen zu müssen – aber wenn ich sie denn schon loslassen muss, dann möchte ich sie in die Hände von einem geben, der größer ist als ich, bei dem sie in guter Hand sind, ja, „in den besten Händen", die ich mir denken kann. Ich wurde nicht gefragt, ob ich diesen Menschen hergeben mag – aber wenn ich ihn denn schon hergeben muss, wem sonst sollte ich ihn dann geben, wenn nicht dem Gott, der mir zusagt: „Weil du in meinen Augen wertvoll und teuer bist, und weil ich dich liebe, gebe ich für dich ganze Länder und für dein Leben ganze Völker!" (Jesaja 43,4).

In Verbindung mit Tod und Sterben habe ich oft die Frage nach dem „warum" gehört. Warum musste er, musste sie so früh gehen? Warum gerade ich? Warum trifft es immer die Guten? Ich vermute, dass niemand von uns bisher eine Antwort darauf bekommen hat – und dass uns niemand eine Antwort darauf geben kann und geben wird. Wenn auf diese Frage keine Antwort zu erwarten ist, dann müssen wir lernen, ohne Antwort mit dieser Frage zu leben – oder anders zu fragen. Mir hilft es oft, nach dem „wozu" statt nach dem „warum" zu fragen. Das Wozu geht davon aus, dass es einen Sinn gibt, auch wenn ich ihn manchmal noch nicht sehe, noch nicht verstehe. Auch diese Frage nach dem Wozu ist keine Gewähr dafür, dass ich eine Antwort bekomme – aber manchmal lassen sich erste Antwortversuche erahnen: Da ist einem ganz aktiven Menschen durch den plötzlichen und unerwarteten Tod ein jahrelanges Siechtum erspart geblieben, da hat der Tod des einen ein überlebensnotwendiges Innehalten für andere bewirkt … Auch manche Wozu-Fragen bleiben jahrelang offen … andere für immer. Aber immerhin – manchmal gibt es eine Antwort.

Im Evangelium lässt der auferstandene Jesus den Trauernden ausrichten: „Geht zurück nach Galiläa! Dort werde ich euch treffen!" – und vielleicht ist er tatsächlich der glaubwürdigste Bote einer solchen Botschaft, er, der selbst durch den Tod hindurchgegangen ist hin zum neuen Leben. „Galiläa" – das ist die Heimat derjenigen, denen er Anteil an seinem Leben geschenkt hatte und die jetzt trauern und der Auferstehung noch nicht so recht glauben können. „Galiläa" – das ist der Alltag, das sind die alltäglichen Herausforderungen, das ist das Leben hier und jetzt – und das manchmal in all seiner Banalität. Auch die Jüngerinnen und Jünger Jesu durften trauern – aber der Auferstandene ruft sie zurück in die Realität. Die Trauer darf gelebt werden und hat ihre Zeit – aber es geht auch weiter. Es gibt ein Leben nach dem Tod – für unsere Verstorbenen genauso wie für die, die Abschied nehmen mussten. Es wird anders weitergehen, als es vorher war – aber es geht weiter. Es geht nicht darum, dass wir vor dem Grab sitzen bleiben – und das würde auch keiner von denen wollen, die uns verlassen haben. Es geht darum, dem Grab in unserem Leben einen Platz zu geben, die Lücke zuzulassen, die Leere auszuhalten – und doch einen Weg zurück in unseren Alltag zu finden. In einen Alltag, der anders sein wird, als er vor dem Tod eines geliebten Menschen war. Ein Alltag, in dem unsere Toten einen Ort und einen Raum haben – ohne dass wir dem Tod einen Raum und einen Ort geben.

Die Zusage, dass wir in Gottes Hand geborgen sind, lässt uns den Alltag aus der Hoffnung heraus gestalten, dass es da Einen gibt, der durch den Tod zum Leben vorausgegangen ist – allen menschlichen Erfahrungen zum Trotz. Und dass diese Zusage uns gilt – und unseren Verstorbenen. In der Gewissheit, dass sie jetzt bei Gott in den besten Händen sind, die es geben kann, können wir dankbar an sie denken. Gott hat sie uns eine Weile geschenkt, damit sie – durch ihr Leben, vielleicht auch durch ihren Tod – uns zum Segen werden.

Segen der Trauernden

Der Herr segne dich
und stehe dir bei in deiner Not.
Er überlasse dich nicht
dem Abgrund der Hoffnungslosigkeit,
an dessen Rand deine Füße stehen.
Er sei dein Schutz und dein Halt,
wenn du die Enge der Verzweiflung spürst.

Er halte Seine sanften Hände über dir,
der Hüter Israels und aller,
die Ihm vertrauen.
Er führe dich durch den Tunnel
der Dunkelheit
ins Licht neuer Hoffnung.

Deinen wankenden Fuß,
der nicht weiß,
ob es nächste Schritte gibt,
lasse Er wieder guten Boden spüren –
so wie in der Mitte der Nacht
der neue Tag beginnt.

Er lenke deinen Blick
auf die Weite des Himmels,
die uns ahnen lässt Seine Größe und Weisheit
und die Vielzahl seiner Wege.
Sie wollen uns in die Freiheit führen
und in den Trost …

Herbert Jung

Der Segen der Verstorbenen

Ich gehe regelmäßig
zu den Gräbern meiner Verstorbenen.
Ich spreche mit ihnen,
ich erzähle ihnen meine Sorgen
und entschuldige mich für alles,
was ich ihnen angetan habe.
Manche wurden von mir enttäuscht,
andere enttäuschten mich.
Ich klage sie nicht an,
beschuldige sie nicht,
ich bitte sie um Verständnis.
Ich weiß sehr wohl:
Auch Enttäuschungen sind eine wichtige Lehre
in meinem Leben gewesen.
Heute weiß ich: Ich schulde manchen Dank.

Herr –
jetzt sind sie bei dir und wissen mehr als wir.
Sie sind unsere „Engel“, unsere Wohltäter,
unsere Segensspender.
In deinem Namen wünschen sie uns Gutes.
In ihrem Namen bitte ich dich,
auch mir beizustehen und meine Traurigkeit
in Freude zu verwandeln.
In ihrem Namen bitte ich dich,
mich zu segnen.
Ich will gut an sie denken
und ihnen immer
einen Platz in meinem Herzen geben.

Adalbert L. Balling

8

Segen für jeden Tag

Behütet Tag und Nacht

Ich hebe meine Augen empor zu den Bergen:
Woher wird Hilfe mir kommen?
Hilfe kommt mir vom HERRN,
der Himmel und Erde geschaffen hat.

Er lässt deinen Fuß nicht straucheln.
Der dich behütet, er schläft nicht.
Siehe: Es wird nicht schlafen, nicht ruhen,
der Wache hält über Israel.

Der HERR ist dein Hüter!
Zu deiner Rechten wird der HERR dich beschützen.
Am Tag wird dich nicht versehren die Sonne,
nicht schadet dir der Mond in der Nacht.
Vor allem Übel wird der HERR dich bewahren,
der HERR behütet dein Leben.

Der HERR behütet dein Gehen und Kommen
von nun an bis in Ewigkeit.

Weisheit der Bibel
Psalm 121

Die Stimme, die mich täglich segnet

Henri Nouwen

Für mich persönlich wird das Beten immer mehr ein Weg, bewusst auf den Segen zu hören. Ich habe schon viel über das Gebet gelesen und geschrieben, aber wenn ich an einen ruhigen Ort gehe, um zu beten, wird mir immer wieder klar, dass trotz meines Bestrebens, Gott vieles zu sagen, die eigentliche Gebets-„Arbeit" darin besteht, still zu werden und auf die Stimme zu hören, die Gutes über mich sagt. Das klingt vielleicht nach Selbstbeschwichtigung, ist aber in Wirklichkeit eine mühsame Übung …

Es bedarf wirklicher Anstrengung, die vielen Stimmen freundlich zurückzudrängen und zum Verstummen zu bringen, die mein Gutsein in Frage stellen, und darauf zu vertrauen, dass ich eine Stimme hören werde, die mich segnet …

Es ist gar nicht so leicht, wirklich in die Stille einzutreten und die vielen aufdringlichen und fordernden Stimmen unserer Welt hinter sich zu lassen, um die zarte, vertraute Stimme zu hören, die sagt: „Du bist mein geliebtes Kind, auf dir ruht mein Wohlgefallen" … Ich will damit nicht sagen, dass du eines Tages diese Stimme mit deinen leiblichen Ohren hören wirst. Ich rede nicht von einer halluzinatorischen Stimme, sondern von einer Stimme, die man mit dem Ohr des inneren Herzens erlauschen kann.

Irischer Morgensegen

Möge der gütige Christus,
der uns befreit hat aus dem Dunkel der Nacht,
der uns zurückgebracht hat ins freundliche Tageslicht,
uns umgeben und schützen.

Möge der Gott aller Geschöpfe
uns wie ihnen im Übermaß geben.

Möge Gott, unserer Seelen Heiler,
uns beistehen am Abend, am Morgen, am Mittag
und uns bewahren auch auf rauen Wegen.

Altirisch-keltische Überlieferung

Irischer Abendsegen

Mögen deine heiligen Engel, o Christus,
unseren Schlaf, unsere Ruhe,
unser schimmerndes Lager bewachen.

Mögen sie uns in unserem Schlummer
wahre Traumbilder zeigen.
Weder Dämonen noch Unheil,
weder Verderben noch böse Träume
mögen unsere Ruhe,
unseren tiefen, festen Schlaf stören.

Heilig möge unser Erwachen sein,
unsere Arbeit und unser Tagwerk
wie unser Schlaf und unsere Rast
ohne Störung und ohne Unterlass.

Altirisch-keltische Überlieferung

Morgensegen des Walther von der Vogelweide

Mit Segen lass mich heut aufstehn,
Herr Gott, in deinem Schutze gehn
und reiten, wohinaus mein Weg sich kehre.
Herr Christ, durch mich gib an den Tag,
was deiner Güte Kraft vermag,
und steh mir bei zu deiner Mutter Ehre.

Wie ihr der Engel half, der gute,
und dir, der in der Krippe ruhte,
jung als Mensch, als Gott so alt;
demütig vor dem Esel und dem Rinde
und doch mit himmlisch treuem Sorgen
hielt dich Gabriel geborgen.
Ganz in Reue ohne Spott,
so schütz auch mich,
dass man nicht falsch mich finde
noch lässig gegen dein Gebot.

Walther von der Vogelweide (1170–1230)

Abendsegen nach Birgitta von Schweden

Lob sei dir, Herr, Gott,
der du bist und warst ohne Ende.
Du hast uns geschaffen,
dass wir in dir uns freuen.
Du hast uns dein unaussprechliches Licht gegeben,
in dem wir dich ewig genießen sollen.

Herr, lass deine Liebe walten
über dem Werk deiner Hände,
dem Menschen!

Du allein bist zu fürchten
in deiner unermesslichen Allgewalt.

Du allein bist zu schauen
in deiner Liebe.

Du allein bist zu lieben
in deiner unwandelbaren Seligkeit.

Ohne Ende seist du gelobt.

Birgitta von Schweden (1301–1373)

Der Morgen – Ein Segen für dich

Peter Dyckhoff

Der erste Strahl der Sonne möge deine Augen und dein Herz berühren. Möge wie die aufgehende Sonne im Osten dir an diesem Tag in besonderer Weise Christus und das Licht seiner Liebe einleuchten.

Sei heute und immer fest in dir und Gott verankert und verliere niemals den Boden unter den Füßen. Wie die Schwerkraft deinen Körper anzieht, so sollen dein Geist und deine Seele von der Liebe Gottes angezogen werden. Mögest du offen sein für die Belange anderer Menschen und sie wahrnehmen, so wie du mit bloßen Füßen jede Unebenheit auf der Erde spürst.

Bei all deinem Tun und Denken sei dir deiner ureigensten Aufgabe bewusst: die Erde wieder mit dem Himmel zu verbinden. Möge sich dein Horizont weiten und niemand es vermögen, dich und deine Liebe einzuengen. Deine Mitte ist Christus – die Wahrheit und das Leben.

Möge es dir gelingen, Getrenntes zu einer Einheit zusammenzuführen. Aufrichtigkeit und Ausrichtung auf Christus sollen zur Grundlage deines Tages werden. Mögest du durch dein Tun und Denken auch für andere Menschen den Himmel wieder öffnen, der für sie vielleicht lange verschlossen war.

Die Gnade Gottes soll dich wie ein Schutzmantel umgeben, alle Gefahren von dir fernhalten und dich auffangen, wenn du fällst oder andere über dich herfallen.

Der Herr sei über dir, um dich immer wieder zu segnen und dir seine Liebe und seinen Schutz zu gewähren.

- Ziehe die Schuhe aus, um einen besseren Kontakt zum Boden, zur Erde, aufzunehmen. Stelle dich frei in den Raum, wende dich nach Osten und gib beim Ausatmen der Schwerkraft deines Körpers nach.
- Blicke ins Weite. Erlebe den nach oben gerichteten Zug deiner Wirbelsäule und spüre über das Scheiteldach hinaus himmelwärts.
- Versuche deinen Schwerpunkt in der Leibmitte zu finden. Führe beide Hände vor deiner Leibmitte zusammen. Die Handinnenflächen berühren sich; die Fingerspitzen zeigen nach oben.
- Führe deine geschlossenen Hände und die Arme in deinem Einatemrhythmus geradewegs nach oben.
- Recke und strecke dich noch ein wenig, wenn sich die Arme mit den zusammengelegten Händen über deinem Kopf befinden. Die Fingerspitzen weisen nach oben.
- Löse im Ausatmen die Berührung der Hände und führe die ausgestreckten Arme seitlich langsam nach unten. Die Handrücken zeigen dabei nach oben.
- Führe die Arme vor deinem Unterleib zusammen – die Handinnenflächen berühren sich, die Fingerspitzen sind zur Erde gerichtet.
- Drehe die geschlossenen Hände, sodass die Fingerspitzen nach oben zeigen, und wiederhole im dir eigenen Ein- und Ausatem-Rhythmus die Übung. Stelle dir dabei vor, du holst den Himmel auf die Erde.

Während dieser Übung umgibst du dich mit einer Mandorla, einem mandelförmigen Schutzmantel. Im Abgeben (Ausatmen) wächst du über dich hinaus und wirst offen für all das, was an diesem Tag auf dich zukommen möchte.

Der Abend – Ein Segen für dich

Peter Dyckhoff

Möge der Segen der untergehenden Sonne, die den Abend bringt, dir innere Ruhe schenken und zur Nacht deinen Schlaf bewachen. Im Loslassen dessen, was dir der Tag gebracht hat, sollst du empfänglich werden für neue Gaben, die bereits auf dich warten. Möge der Atem Gottes dich durchfluten und seine tragende Kraft dich über die letzten Hindernisse des Tages führen, sodass der Abend voller Erfüllung und die Nacht voller Dank ist.

Mögest du an diesem Abend wie an jedem neuen Tag niemals deine Aufrichtigkeit verlieren, die dich die Wirklichkeit erfahren und dich das Leben bestehen lässt. Sei in der Lage, dich dem Unabänderlichen zu beugen und nachzugeben, wenn deine Willenskräfte nichts mehr bewirken können.

Lege sowohl deine Sorgen als auch deine Freude im Gebet in die Hände Gottes und vertraue auf seine unendliche Güte. Möge durch deine Hingabe an ihn dein Schlaf tief sein, und mögen dich am Morgen neue Lebenskräfte durchströmen. Habe den Mut, alles von dir zu weisen, was dich hindert, den Weg in die Ruhe der Nacht zu gehen.

Der Herr möge auch in der Dunkelheit bei dir sein, das Licht über dir leuchten lassen und deine Finsternis erhellen. Gott segne dich und deine Lieben und alle, für die du Verantwortung mit trägst.

- Schaue nach Westen und verabschiede dich innerlich von der untergehenden Sonne. Spüre, wie in deinem Rücken, im Osten, langsam die Dunkelheit aufsteigt.
- Stehe fest auf der Erde, nimm mit deinen Füßen Kontakt zum Boden auf, werde im Beckenraum weit und gehe in die Aufrechte.
- Gib in den Knien nach und stelle die Füße etwas weiter auseinander, um einen festeren Stand zu bekommen.
- Richte deinen Kopf geradeaus und atme bis zum Beckenboden. Atme aus und erlebe bewusst die tragende Wirkung der Schwerkraft.
- Richte dich vom Becken her auf und spüre über deine Wirbelsäule bis zum Kopf die Aufrechte. Stelle dir dieses Aufsteigen als Fließen des Lebensstromes vor.
- Führe deine Aufmerksamkeit und die fließende Energie in Arme und Hände. Strecke beim Ausatmen beide Arme leicht nach vorn; die Fingerspitzen deiner geöffneten Hände weisen zu Boden.
- Balle bei einem der nächsten Einatemzüge zwei kräftige Fäuste. Ziehe sie an deine Brust und beuge dabei die Ellenbogen.
- Beim Ausatmen öffne die Hände wieder und strecke die Arme aus. Gib alle Anspannung des Tages und alles, was nicht zu dir gehört, durch deine Hände an den Boden ab. Hast du das Gefühl, aufhören zu müssen, versuche trotzdem noch einmal weiterzumachen. Sich öffnen tut oft weh, da man so lange verschlossen war.

Am Abend kannst du ganz zu Hause bei dir selbst sein. Du stehst auf eigenen Füßen. Ohne dass dein Ego störend im Mittelpunkt ist, fühlst du, dass du mit Wesentlichem in Verbindung stehst, was dich behütet und ruhig schlafen lässt.

Morgensegen nach Psalm 67

Du
wende Dich uns zu
sprich uns das Gute zu
lasse Deine segnende Kraft spürbar werden
wenn wir uns Segenszeichen weiterschenken
einander erzählen
wie gut Du es mit uns meinst

Du bist die segnende Kraft in allen Menschen
verbindest Kulturen und Völker untereinander
im Tanz des Lebens ohne Ende

Schwester Geist
bewege und segne uns

Pierre Stutz (nach Ps 67,8)

Abendsegen nach Psalm 134

Du
segne all die Menschen
die auf unser Gebet vertrauen
lass sie und uns durch Dich
das Verbindende erfahren

Zu nächtlicher Stunde
vertrauen wir Dir Gott
das Leben aller
Suchenden
Verzweifelten
Hoffenden an

erfüll Du es mit Deinem Wohlwollen

Pierre Stutz (nach Ps 134,1)

Dein Segen füllt uns diesen Tag

Ich öffne meine Augen
und suche das Licht des Morgens.
Vertraute Dinge umgeben mich,
die meinen Alltag bewohnen.
Die Schatten des Schlafes verblassen.
Ich öffne die Augen
und rufe deinen Namen aus
über den kommenden Tag.

Ich wasche die Hände
und begrüße den Morgen.
Das Wasser weckt mich auf.
Die Trägheit des Schlafes weicht
den Aufgaben, die meinen Tag bestimmen.
Ich rufe deinen Namen an,
um ihn wiederzuerkennen
in den Gesichtern derer,
die mir heute begegnen.

Ich bete zu dir, Gott,
heute und jeden Morgen.
Unser Leben ist für dich ein offenes Buch,
wir schreiben es erst
Tag für Tag.
Dein Segen füllt uns diesen Tag.

Ein Morgensegen

Damit wir ein Segen sind

Vater, wenn wir die Augen schließen,
dann sei's nicht, um abzublenden,
was ringsum uns anstarrt an Elend und Leid,
sondern um tief innen,
deinem Blick zu begegnen, der uns stärkt.

Vater, wenn wir die Augen erheben zum Himmel,
dann sei's nicht,
um in Glanz und Gloria zu entfliehen,
sondern um uns den Lichtwellen zu öffnen,
die uns kommen aus der Verklärung
und der Auferstehung.

Vater, wenn wir genau und gerade ins Auge fassen,
was vor uns steht,
dann sei's nicht, um zu nörgeln
und zu verdammen,
sondern um in Wahrhaftigkeit zu entsprechen,
zu verstehn und wohl zu tun,
damit wir ein Segen sind.

Ein Abendsegen

Quellenverzeichnis

Etliche Segensgebete bieten folgende beiden Veröffentlichungen:

Hans Bauernfeind / Richard Geier (Hg.), Leben braucht Segen. Segensfeiern. Für alle, die segnen und gesegnet werden wollen. Verlag Herder Freiburg im Breisgau 2002.

Herbert Jung, Gesegnet sollst du sein. Segensgebete für Seelsorge und Gottesdienst. Verlag Herder Freiburg im Breisgau 2001.

Weitere Quellen:

Adalbert L. Balling, Gottesspuren in meinem Leben. Gebete für ältere Menschen, Verlag Herder Freiburg im Breisgau [2]2001.

Albert Biesinger, Kinder nicht um Gott betrügen. Anstiftungen für Mütter und Väter. Verlag Herder Freiburg im Breisgau [12]2001.

Michael Blum / Hanns Dieter Hüsch, Das kleine Buch zum Segen. tvd-Verlag Düsseldorf [7]2002.

Phil Bosmans, Leben jeden Tag. Ein Jahreslesebuch. Verlag Herder Freiburg im Breisgau [3]2001.

Carmina Gadelica: vgl. Umarmt von der Schöpfung.

Carlo Carretto, Denn du bist mein Vater. Bekenntnis eines Lebens. Verlag Herder Freiburg im Breisgau, Neuausgabe 2003.

Paul Deselaers, Lebensweisheit aus der Bibel. Biblische Frauen und Männer – Inspiration für heute. Verlag Herder Freiburg im Breisgau 2002.

Peter Dyckhoff, Mit Leib und Seele beten. Die neun Gebetsweisen des Dominikus. Verlag Herder Freiburg im Breisgau 2003.

Anselm Grün, Buch der Sehnsucht. Verlag Herder Freiburg im Breisgau 2003.

Anselm Grün, Jeder Mensch hat einen Engel. Herder Spektrum 4885 ([6]2001).

Johannes Paul II., Ihr seid ein Segen. Worte an die älteren Menschen. Verlag Herder Freiburg im Breisgau [14]1994.

Margot Käßmann, Erziehen als Herausforderung, Herder Spektrum [2]2001.

Franz Kamphaus, Lichtblicke. Jahreslesebuch. Verlag Herder Freiburg im Breisgau 2001.

Kleines Stundenbuch für wache Zeitgenossen. Herausgegeben von Rüdiger von Voss, Ellen und Gerhard Ringshausen. Verlag Herder Freiburg im Breisgau 1998.

Antje S. Naegeli, Du hast mein Dunkel geteilt. Gebete an unerträglichen Tagen. Verlag Herder Freiburg im Breisgau ³2003.

Philip Newell, Mit einem Fuß im Paradies. Die Stufen des Lebens im keltischen Christentum. Verlag Herder Freiburg im Breisgau 2003.

Henri J. M. Nouwen, Dem vertrauen, der mich hält. Das Gebet ins Leben nehmen. Herausgegeben von Wendy Wilson Greer. Verlag Herder Freiburg im Breisgau 2003.

Henri J. M. Nouwen, Leben hier und jetzt. Jahreslesebuch. Verlag Herder Freiburg im Breisgau, Neuausgabe 2000.

Maria Otto / Ludger Hohn-Morisch (Hg.), Das Lächeln Gottes. Gebete unserer Zeit. Verlag Herder Freiburg im Breisgau 2004.

Karl Rahner, „Das Gebet der Liebe", in: Beten mit Karl Rahner. Band 1: Von der Not und dem Segen des Gebetes. Verlag Herder Freiburg im Breisgau 2004.

Anton Rotzetter, Gott, der mich atmen lässt. Gebete des Lebens. Verlag Herder Freiburg im Breisgau ³2002.

Andrea Schwarz, Und jeden Tag mehr leben. Ein Jahreslesebuch. Verlag Herder Freiburg im Breisgau 2003.

Andrea Schwarz, Wie ein Gebet sei mein Leben. Exerzitien im Alltag. Verlag Herder Freiburg im Breisgau ²2003.

Pierre Stutz, 50 Rituale für die Seele, Herder Spektrum 7004 (³2003).

Pierre Stutz, Du hast mir Raum geschaffen. Inspiriert von den Psalmen. Mit einem Nachwort von Prof. Dr. Erich Zenger. Herder Spektrum 5424 (2003).

Pierre Stutz, Meditationen zum Gelassenwerden. Herder Spektrum 4975 (³2001).

Pierre Stutz, Was meinem Leben Tiefe gibt. Herder Spektrum 5296 (2002).

Markus Thüer (Hg.), Möge der Regen sanft über deine Felder streichen. Irische Segensgebete. Verlag Herder Freiburg im Breisgau 2003.

Umarmt von der Schöpfung. Weisheit der Kelten. Aus dem Englischen übersetzt, ausgewählt und mit einem Nachwort versehen von Maja Ueberle-Pfaff. Herder Spektrum 5067 (2001).

Textnachweise

S. 15: Rahner, Von der Not und dem Segen … 94.
S. 19: Thüer, Möge der Regen … 12.
S. 19: Bauernfeind, „Was ist Segnen?“, in: Bauernfeind / Geier, Leben braucht Segen 12–13.
S. 21: Grün, Jeder Mensch hat einen Engel 49–52.
S. 24: Nouwen, Leben hier und jetzt 159; 272.
S. 25: Schwarz, Und jeden Tag mehr leben 202.
S. 26: Kamphaus, Lichtblicke 33.
S. 27: Naegeli, Du hast mein Dunkel geteilt 114.
S. 28: Stutz, Was meinem Leben Tiefe gibt 21–23.
S. 33: Jung, „Mensch-Werdung“, in: Ders., Gesegnet sollst du sein 103.
S. 34: Newell, Mit einem Fuß im Paradies 29–32 (Auszug).
S. 37: Rotzetter, Gott, der mich atmen lässt 152.
S. 38: Carretto, Denn du bist mein Vater, 30–36 (Auszug).
S. 43: Jung, „Geboren“, in: Ders., Gesegnet sollst du sein 106–107.
S. 44: Thüer, Möge der Regen … 8.
S. 45: Käßmann, Erziehen als Herausforderung 187–188.
S. 47: Biesinger, Kinder nicht um Gott betrügen 101–103.
S. 50: Jung, „Hände halten“, in: Ders., Gesegnet sollst du sein 132–133.
S. 51: Vanier, Einfach Mensch sein 27; 49–51.
S. 57: © Heinz Pangels 1997.
S. 59: Bosmans, Leben jeden Tag 133.
S. 60: Schwarz, Und jeden Tag mehr leben 49.
S. 61: Grün, Buch der Sehnsucht 111–116 (Auszug).
S. 63: Stutz, Was meinem Leben Tiefe gibt 23.
S. 63: Hüsch, „Sei gut behütet“, in: Blum / Hüsch, Das kleine Buch zum Segen 26–27. © tvd-Verlag Düsseldorf 1998.
S. 66: Stutz, Meditationen zum Gelassenwerden 38 (mit Erlaubnis des Autors adaptiert).
S. 67: Carmina Gadelica, nach: Umarmt von der Schöpfung 37.
S. 68: Stutz, 50 Rituale für die Seele 77.
S. 69: Jung, „Auf eigenen Füßen“, in: Ders., Gesegnet sollst du sein 109.
S. 73: Thüer, Möge der Regen … 8.
S. 74: Naegeli, in: Du hast mein Dunkel geteilt 100–101.

S. 75: Nach Lambert; aus: Schwarz, Wie ein Gebet sei mein Leben 27.
S. 76: Deselaers, Lebensweisheit aus der Bibel 31–34 (Auszug).
S. 78: Originalbeitrag Dietrich Grönemeyer. © beim Autor.
S. 80: In: Schwarz, Wie ein Gebet sei mein Leben 105.
S. 81: Originalbeitrag Ulrike Wolitz. © bei der Autorin.
S. 82: Originalbeiträge Christa Spilling-Nöker. © bei der Autorin.
S. 83: Jung, „Ja-Wort", in: Ders., Gesegnet sollst du sein 112–113.
S. 84: Stutz, Was meinem Leben Tiefe gibt 20.
S. 85: Hüsch / Blum, Das kleine Buch zum Segen 44. © tvd-Düsseldorf 1998.
S. 86: Schwarz, Und jeden Tag mehr leben 137–138.
S. 91: Hier zitiert nach Bauernfeind / Geier, Leben braucht Segen 136.
S. 92: Jung, „Eigene Wege", in: Ders., Gesegnet sollst du sein 124.
S. 93: Rupp, Becher des Lebens 171–172.
S. 95: Balling, Gottesspuren in meinem Leben 90–91.
S. 96: Originalbeitrag Christa Spilling-Nöker. © bei der Autorin.
S. 97: Originalbeitrag Ulrike Wolitz. © bei der Autorin.
S. 98: Bosmans, Leben jeden Tag 344.
S. 99: Johannes Paul II., Ihr seid ein Segen 12–21 (Auszug).
S. 100: Rotzetter, Gott der mich atmen lässt 177.
S. 101: Jung, „Älter", in: Ders., Gesegnet sollst du sein 110–111.
S. 105: Carmina Gadelica, nach: Umarmt von der Schöpfung 26.
S. 105: Stutz, „Durch unsere Hände", in: Ders., 50 Rituale für die Seele 171.
S. 106: Newell, Mit einem Fuß im Paradies, 106–114 (Auszug).
S. 109: Schwarz, Und jeden Tag mehr leben 45.
S. 110: Stutz, „Abschied von einer schwierigen Beziehung", in: Ders., 50 Rituale für die Seele 174.
S. 114: Jung, „Abgrundtief", in: Gesegnet sollst du sein 134.
S. 116: Balling, „Beim Friedhofsbesuch", in: Ders., Gottesspuren in meinem Leben 165.
S. 119: Nouwen, Dem vertrauen, der mich hält 85.
S. 122: Nach: Kleines Stundenbuch für wache Zeitgenossen 41.
S. 124: Vgl. Dyckhoff, Mit Leib und Seele beten, 95–96.
S. 126: Vgl. Dyckhoff, Mit Leib und Seele beten, 60 und 73.
S. 128: Stutz, „Segnende Kraft", in: Ders., Du hast mir Raum geschaffen 75.
S. 129: Stutz, „Segnendes Dasein", in: Ders., Du hast mir Raum geschaffen 142.
S. 130: Originalbeitrag Ulrich Sander © beim Autor.
S. 131: Otto / Hohn-Morisch, Das Lächeln Gottes 29.

Verzeichnis der Autorinnen und Autoren

Adalbert L. Balling, geb. 1939, Ordensmann, Redakteur und Journalist; Autor vieler erfolgreicher Bücher, zuletzt bei Herder: „Mein schönstes Wort heißt du. Eine Liebeserklärung an das Leben" (2002), „Im Licht der Heiligen Nacht. Geschichten, Erinnerungen, Gedanken zur Advents- und Weihnachtszeit" (2002).

Hans Bauernfeind, Dr. theol., Wissenschaftlicher Assistent am Lehrstuhl für Liturgiewissenschaft und Pastoraltheologie in Passau, Titularpfarrer, Religionslehrer und Rundfunkbeauftragter der Diözese Passau. Zuletzt bei Herder zusammen mit Richard Geier herausgegeben: „Leben braucht Segen. Segensfeiern. Für alle, die segnen und gesegnet werden wollen" (^{2}2003).

Albert Biesinger, Jahrgang 1948, Dr. theol., Professor für Religionspädagogik. Kerygmatik und Erwachsenenbildung an der Uni Tübingen; Diakon, Familienvater; lebt in Rottenburg am Neckar. Zuletzt bei Herder: „Kinder nicht um Gott betrügen. Anstiftungen für Mütter und Väter" (12 2002), „Gott mit Kindern wiederfinden. Ein Begleiter für Mütter und Väter" (2003).

Birgitta von Schweden, 1301–1373, schwedische Adelige, Mutter von acht Kindern, Erzieherin der schwedischen Königin. Nach dem Tod ihres Ehemannes trat sie als mystische Seherin hervor und verbrachte einen großen Teil ihres Lebens als Pilgerin (ins Heilige Land und nach Rom). Stifterin des Birgittenordens.

Phil Bosmans, geb. 1922, kath. Priester, gründete vor vierzig Jahren als Ordensmann in Belgien den „Bund ohne Namen", eine Bewegung für mehr Herz in der Welt und mehr Hilfe für Menschen in Not. Zahlreiche Veröffentlichungen (Weltgesamtauflage bei geschätzten über neun Millionen). Zuletzt bei Herder in Neuausgaben erschienen u.a.: „Ich hab dich gern" (2003) „In dir liegt das Glück" (2004).

Carlo Carretto, 1910–1988, trat 1954 nach einem engagiert weltlichen Leben in die Gemeinschaft der „Kleinen Brüder Charles de Foucaulds" ein, lebte zehn Jahre zurückgezogen in der Wüste Sahara, gründete 1964 in Spello bei Assisi ein Meditationszentrum. Zuletzt bei Herder in Neuausgaben erschienen: „Wo der Dornbusch brennt. Lebenswissen aus der Wüste" (2001), „Denn du bist mein Vater. Bekenntnis eines Lebens" (2003).

Paul Deselaers, geb. 1947, Dr. theol., Spiritual am Priesterseminar/ Pastoralseminar der Diözese Münster/Westfalen. Zuletzt bei Herder: „Lebensweisheit aus der Bibel. Biblische Frauen und Männer – Inspiration für heute" (2002).

Peter Dyckhoff, geb. 1937, Kaufmann und Priester, Psychologe und Theologe, langjähriger Leiter eines Bildungshauses. Kurse und zahlreiche Veröffentlichungen zur christlichen Gebets- und Meditationspraxis und zur aktuellen Bedeutung der mystischen Überlieferung. Bei Herder: „Mit Leib und Seele beten. Die neun Gebetsweisen des Dominikus" (2003).

Dietrich H. W. Grönemeyer, Prof. Dr. med., ist Ordinarius für Radiologie und MikroTherapie an der Universität Witten/Herdecke, Professor an der Georgetown-University Washington D.C., Leiter des Grönemeyer-Instituts für MikroTherapie in Bochum, Autor verschiedener medizinischer Werke sowie „Medizin in Deutschland – Standort mit Zukunft" (2001). Im Oktober 2003 erhielt er den *World Future Award* für seinen Beitrag im Kampf gegen Krebs. Im Verlag Herder erschienen: „Mensch bleiben! High-Tech und Herz – eine liebevolle Medizin ist keine Utopie" (2003).

Anselm Grün, geb. 1945, Benediktiner, Dr. theol., verwaltet die Benediktinerabtei Münsterschwarzach; gesuchter geistlicher Berater und Kursleiter für Meditation, tiefenpsychologische Traumarbeit, Fasten und Kontemplation; zahlreiche, sehr erfolgreiche Veröffentlichungen. Zuletzt bei Herder: „Dem Alltag eine Seele geben" (2002), „Buch der Sehnsucht" (2003).

Hanns Dieter Hüsch, geb. 1925, seit 1947 Kabarettist, ausgezeichnet u.a. mit dem Kleinkunstpreis. Er lebt in Köln, ist aber meist mit seinen Gedankengängen unterwegs. Zuletzt bei Herder Spektrum: „Das Schwere leicht gesagt" (^{14}2003), „Meine Geschichten" (^{2}2002).

Herbert Jung, geb. 1947; seit etwa zwanzig Jahren in der Ausbildung junger Priester, Pastoral- und Gemeindereferenten und -referentinnen tätig. Zuletzt bei Herder: „Mensch geworden für die Menschen. Gottesdienste, Gebete, Gestaltungsideen für Advent und Weihnachten" ([2]2002), „Wieder aufstehen. Gottesdienste, Gebete, Ideen für die Fasten- und Osterzeit" (2003).

Papst Johannes Paul II. (Karol Wojtyła), geb. 1920, Studium der polnischen Literatur und Untergrund-Theaterarbeit im besetzten Polen. 1946 zum Priester, 1958 zum Bischof geweiht, 1978 zum Papst gewählt. Zuletzt bei Herder: „Leben aus der Kraft der Hoffnung. Jahreslesebuch" (2003), „Römisches Triptychon. Meditationen" (2003), „Meine Gebete für euch" (2004).

Margot Kässmann, Mutter von vier Kindern, Landesbischöfin der evangelisch-lutherischen Kirche Hannovers. Zuletzt bei Herder: „Erziehen als Herausforderung" ([2]2002), „Was können wir hoffen – was können wir tun? Antworten und Orientierung" (2003), „Heute seine Stimme hören. Das Lukasevangelium als Jahresbegleiter" (2003).

Franz Kamphaus, geb. 1932, seit 1982 Bischof von Limburg. Zahlreiche, meist in mehreren Auflagen erschienene Bücher. Zuletzt bei Herder: „Den Glauben erden. Zwischenrufe" ([2]2002), „Um Gottes willen – Leben. Einsprüche" (2004).

Willi Lambert, geb. 1944, Jesuitenpater, Exerzitienbegleiter, geistlicher Autor, vor allem zu Impulsen ignatianischer Spiritualität.

Antje S. Naegeli, Studium der ev. Theologie mit Zusatzausbildung als Psychotherapeutin (Logotherapie), lebt bei St. Gallen. Zuletzt bei Herder in Neuausgaben erschienen: „Die Nacht ist voller Sterne. Gebete in dunklen Stunden" ([3]2003), „Berührt von deinem Schmerz. Briefe an Menschen, die Leidenden nahe stehen" (2003).

Philip Newell, geb. 1953, Vater von vier Kindern und Geistlicher der Kirche von Schottland, gilt international als bedeutende Stimme des keltischen Christentums und fördert dessen Wiederentdeckung für eine zeitgenössische ganzheitliche Spiritualität. Bei Herder: „Mit einem Fuß im Paradies. Die Stufen des Lebens im keltischen Christentum" (2003).

Henri Nouwen, 1932–1996, gab eine Karriere als Hochschulprofessor auf und schloss sich der von Jean Vanier gegründeten „Arche"-Bewegung eines gemeinsamen Lebens mit behinderten Menschen an. Zuletzt bei Herder: „Dem vertrauen, der mich hält. Das Gebet ins Leben nehmen" (2003), „Höre auf die Stimme, die Liebe ist. Geistliche Deutung der Geschichte von Jesus. Mit Illustrationen von Rembrandt" (2003), „Nach Hause finden. Wege zu einem erfüllteren Leben" (2004).

Maria Otto, Dr. phil.; Redakteurin, Lektorin, Philosophin. Zuletzt bei Herder zusammen mit Ludger Hohn-Morisch: „Das Lächeln Gottes. Gebete unserer Zeit" (2004).

Heinz Pangels, geb. 1931 in Köln, von Geburt an spastisch gelähmt (Morbus Little), tätig als kaufmännischer Angestellter (Buchhalter), im Bankwesen und im Öffentlichen Dienst, Vater von zwei Kindern, Autor vor allem von Gebeten und Meditationstexten, Beteiligungen an verschiedenen Anthologien und letztlich Veröffentlichung „Vertrauter Umgang mit Gott – Denkanstöße" (Haag + Herchen, Frankfurt am Main Main 1996); www.heinzpangels.de.

Karl Rahner, 1904–1984, Jesuit, Theologe, Konzilsberater. Bei Herder: die auf 32 Bänden angelegte Gesamtausgabe seines umfangreichen Werkes „Karl Rahner – Sämtliche Werke". Im Jubiläumsjahr 2004 erscheinen von Karl Rahner bei Herder in Neuausgaben: „Beten mit Karl Rahner. Band 1: Von der Not und dem Segen des Gebetes; Bd. 2: Gebete des Lebens", „Grundkurs des Glaubens", „Karl Rahner – Lesebuch".

Anton Rotzetter, geb. 1939, Dr. theol., Kapuzinerpater, Seminarleiter, Dozent; zahlreiche Publikationen. Zuletzt bei Herder u. a.: „Beseeltes Leben. Spiritualität im Alltag" (2002), „Am Morgen einer neuen Zeit. Spirituelle Schriftlesung des Markus-Evangeliums" (2003).

Joyce Rupp, Ordensfrau und geistliche Autorin. Seminare zu spirituellen Themen in der ganzen Welt. Bei Herder: „Der Becher des Lebens. Exerzitien im Alltag" (2002).

Andrea Schwarz, ausgebildete Industriekauffrau und Sozialpädagogin mit Qualifikationen in Supervision und Organisationsberatung, heute in der Seelsorge und als gefragte Referentin tätig. Zuletzt bei Herder u. a.: „Wie ein Gebet sei mein Leben. Exerzitien im Alltag" (^{2}2003), „Und jeden Tag mehr leben. Ein Jahreslesebuch" (2003), „Unterwegs mit einem Engel. Mit dem Buch Tobit durch die Fastenzeit bis Ostern" (2004).

Christa Spilling-Nöker, geboren in Hamburg, evangelische Pfarrerin, Berufsschullehrerin, zahlreiche Veröffentlichungen. Bei Herder zuletzt erschienen: „Einfach gelassen bleiben" (2003), „Freu dich des Lebens und genieße den Tag" (2003), „Vom Engel, der die Welt verwandeln wollte. Und andere Weihnachtsgeschichten" (2003).

Pierre Stutz, geb. 1953, spiritueller Begleiter, Dichter und Autor viel beachteter Bücher. Zuletzt bei Herder u. a.: „Wurzeln des Lebens" (2003), „Engel des Trostes wünsche ich dir. Briefe an Trauernde" (2004).

Markus Thüer, geb. 1965, 1986 Eintritt in den Kapuzinerorden. Studium der Theologie in Münster und Canterbury (England). Seit 1998 Leiter des Klosters zum Mitleben in Stühlingen, Südschwarzwald. Bei Herder: „Möge der Regen sanft über deine Felder streichen. Irische Segensgebete" (2003).

Maja Ueberle-Pfaff, geb. 1954, freie Autorin, Lektorin und Übersetzerin. Zuletzt bei Herder: „Umarmt von der Schöpfung. Weisheit der Kelten" (2001).

Jean Vanier, geb. 1928, gründete 1964 in der Nähe von Paris die „Arche", ein heute weltweit gespanntes Netzwerk von Gemeinschaften des Zusammenlebens von und mit Menschen mit einer Behinderung. Bei Herder:„Einfach Mensch sein. Wege zu erfülltem Leben" (2001).

Walther von der Vogelweide, 1170–1230. Der fahrende Berufssänger schuf an verschiedenen fürstlichen Höfen ein Werk von über 500 Strophen. Um 1220 gewährte ihm der Kaiser ein Lehen. Seine religiöse Lyrik geht der Frage nach, wie Gottes Gnade und menschliche „Ehre" zueinander finden.

Ulrike Wolitz, geb. 1961, Dr. theol., 1992 bis 1998 Wiss. Assistentin am Lehrstuhl für Dogmatik an der Kath. Universität Eichstätt; seit 2002 Referentin des Bischofs von Basel. Lyrikveröffentlichungen. Redaktionelle Leitung der Silja Walter Gesamtausgabe.

Umschlagmotiv: Deryl Benson, Quebec (Kanada)
© zefa visual media, Düsseldorf

www.herder.de
Satzgestaltung: SatzWeise, Föhren
Druck und Bindung: fgb · freiburger graphische betriebe
www.fgb.de

Gedruckt auf umweltfreundlichem,
chlor- und säurefrei gebleichtem Papier
Printed in Germany

ISBN 3-451-28382-4

Vitamine für die Seele

Anthony de Mello
Wo das Glück zu finden ist
Weisheitsgeschichten für jeden Tag
400 Seiten, gebunden. ISBN 3-451-28401-4
Humorvoll, im Plauderton, doch aufweckend und provozierend schärft diese Minutenlektüre täglich den Blick für das Wesentliche. Ein modernes, lebensnahes Alltagsbrevier für Menschen, die bewusster leben und glücklich sein wollen. Unkonventionell und erfrischend.

Anselm Grün
Dem Alltag eine Seele geben
Herausgegeben von Ludger Hohn-Morisch · Neuausgabe
144 Seiten, Klappenbroschur. ISBN 3-451-28403-0
Nicht zufällig ist Anselm Grün im deutschen Sprachraum der heute am meisten gelesene spirituelle Autor. Wie keinem Zweiten gelingt es ihm, die Schätze der Tradition für die Gegenwart zu übersetzen; für ein vertieftes Leben gerade in der Normalität des Alltags.

Phil Bosmans
In dir liegt das Glück
96 Seiten, durchgehend farbig illustriert, mit zahlreichen Farbfotografien, gebunden
Neuausgabe · ISBN 3-451-28230-5
Was immer Phil Bosmans schreibt, ist aus der Begegnung mit Menschen gewachsen. Die sympathischen und wohltuenden Texte des Buches laden zu mehr Menschlichkeit im Lebensalltag ein, die sich auch von Rückschlägen und Enttäuschungen nicht unterkriegen lässt.

Andrea Schwarz
Und jeden Tag mehr leben
Ein Jahreslesebuch
400 Seiten, gebunden in Halbleinen. ISBN 3-451-28228-3
Ein gutes Wort für jeden Tag: Die Texte von Andrea Schwarz machen Mut, dem eigenen Leben Zeit und Aufmerksamkeit zu schenken. Auf persönliche Weise bringen sie den Glauben als eine Einladung nahe, eigene Schritte ins Leben zu wagen, damit aus Zeit Leben wird.

Erhältlich in jeder Buchhandlung!

HERDER

Spirituelle Impulse

Uli Heuel

Woran Christen glauben

Das Kennenlern-Buch für Neugierige

176 Seiten, Paperback. ISBN 3-451-28378-6

Ein Journalist und Songtexter schreibt ein Buch über den Glauben: Uli Heuel gelingt es, die Grundzüge packend und zugleich präzise darzustellen. Das Glaubensbekenntnis, das alle christlichen Kirchen verbindet, kommt unverkürzt zur Sprache – aber so, dass es Menschen von heute verstehen können.

Marjorie Thompson

Christliche Spiritualität entdecken

Einübung in ein bewusstes Leben

176 Seiten, Paperback. ISBN 3-451-27900-2

Marjorie Thompson gibt christlicher Spiritualität Schritt für Schritt ein nachvollziehbares Profil. Sie erschließt die Grundelemente sowohl für die persönliche Lektüre wie für die Arbeit in Gruppen. Praktische Übungen geben konkrete Hinweise zur Umsetzung. Das Ziel: dem eigenen Leben eine stimmige spirituelle Form zu geben.

Henri Nouwen

Nach Hause finden

Wege zu einem erfüllteren Leben

144 Seiten, gebunden. ISBN 3-451-28381-6

Die Weisheit einer Lebensreise. Dieses Buch enthält die gebündelte Antwort des großen geistlichen Schriftstellers auf die menschlichen Existenzfragen und zeigt Wege auf, zum Wesentlichen des Lebens vorzudringen.

Philip Newell

Mit einem Fuß im Paradies

Die Stufen des Lebens im keltischen Christentum

128 Seiten, Paperback. ISBN 3-451-27880-4

Das Buch geht den Phasen des menschlichen Lebens nach und entfaltet die Eigenart jeder Lebensstufe mit großem inhaltlichen Reichtum. Biblische Weisheit, keltisch-christliche Überlieferung und heutige Selbsterfahrung tragen dazu bei. Die sieben Kapitel enden jeweils mit einer praktischen Anregung, sich das Lebensthema in einer meditativen Übung anzueignen